Claude Monet

Pointes de rochers à Belle-Île, 1886

Femme à l'ombrelle tournée vers la gauche, 1886

Monet dans son atelier
avec les toiles des *Nymphéas*

Carnet de croquis
de la cathédrale
de Rouen

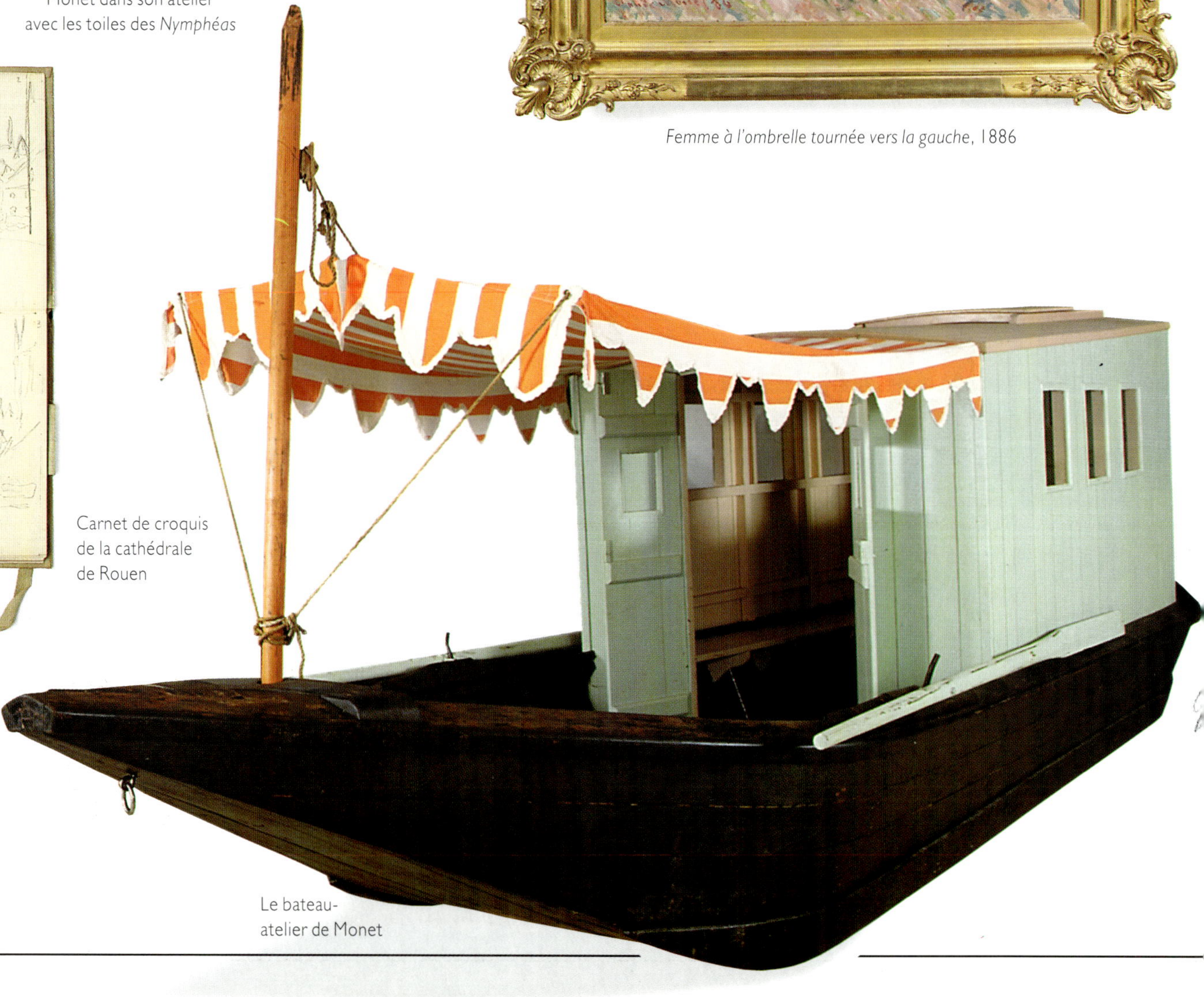

Le bateau-
atelier de Monet

Claude Monet

par
Jude Welton
en association avec le musée Marmottan, Paris
Traduction de Claire Passignat-Gleize

Volume de la bibliothèque de botanique de Monet

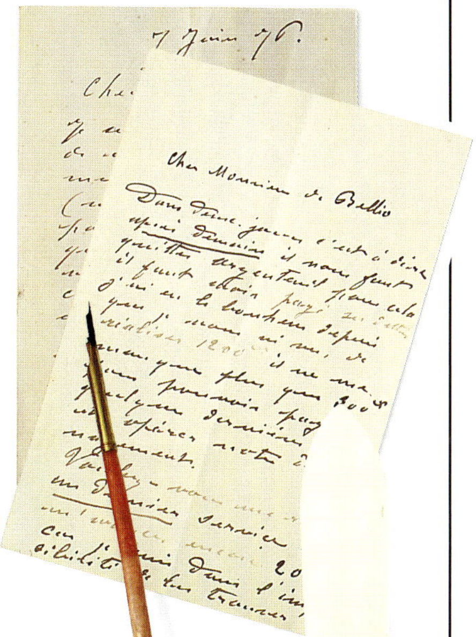

7 Juin 76.

Cher Monsieur de Bellio

Lettre à un ami collectionneur

Croquis d'un iris

La plume d'oie de Monet

Coupe-papier appartenant à Monet

Dessin représentant Michel Monet

GALLIMARD

Un nymphéa du jardin de Giverny

La palette de Monet

Monet dans son jardin

À ma grand-mère, Sarah Anne Spedding

Direction éditoriale et artistique
Responsables éditoriaux :
Laura Harper, Sean Moore,
Gwen Edmonds et Julia Harris-Voss
Directeurs artistiques :
Tracy Hambleton, Tina Vaughan
et Toni Rann
Maquettiste :
Claire Pegrum
Responsables PAO :
Joanna Figg-Latham
et Doug Miller
Responsable de la fabrication :
Meryl Silbert

Édition originale parue sous le titre :
Eyewitness Art Guide "Monet"

Pour l'édition française :
ISBN 2-07-56850-4

Dépôt légal : avril 1993.
Numéro d'édition : 57605

Pour l'édition canadienne :

ISBN 2-89085-055-2

Imprimé en Italie par
Arnoldo Mondadori Editore, Vérone

Ombrelle de peintre

Chevalet d'atelier

L'un des pinceaux de Monet

Sommaire

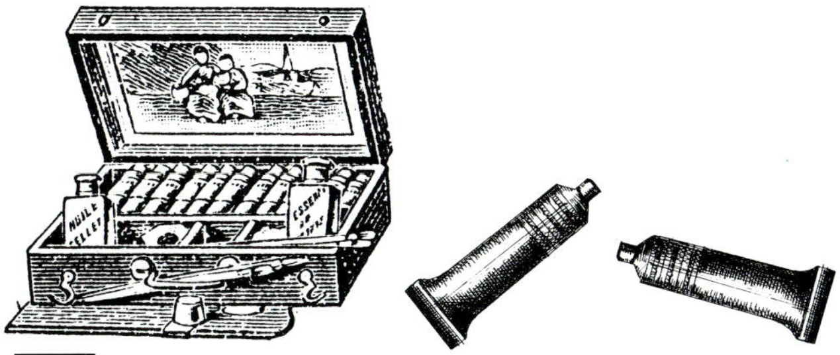

Buste de Monet

Le Havre : le grand quai

« Je suis né à Paris en 1840 dans un environnement de commerces où chacun professait un somptueux dédain pour l'art. Mais j'ai passé ma jeunesse au Havre. » Tels sont les premiers mots de Claude Monet évoquant sa vie, lors d'un entretien en 1900. Très tôt, il manifeste un talent naturel pour la caricature : adolescent, il gagne de l'argent en vendant des portraits aux Havrais. Un paysagiste local, Eugène Boudin, le convainc de venir peindre avec lui en plein air sur la côte. Monet déclare : « Ce fut tout à coup comme un voile qui se déchire [...] ma destinée de peintre s'était ouverte. » Malgré les réticences de son père, il part étudier l'art à Paris. En 1861, il est conscrit et rejoint son poste en Algérie. De retour à Paris en 1862, il est déterminé à devenir un artiste indépendant.

Caricatures d'adolescent

Le jeune Monet acquiert une certaine notoriété en faisant des caricatures qui seront exposées chez un marchand de couleurs du Havre. Elles impressionnent Boudin dont l'œuvre est présentée dans la même boutique.

Le rédacteur en chef
Beaucoup de caricatures de Monet sont inspirées de photographies prises dans les magazines. Celle-ci, tirée d'une photographie de Nadar, montre le rédacteur en chef Jules de Prémaray tenant son journal *(La Patrie)* comme un drapeau.

Un portrait de commande
Monet gagne quelque argent avec ses portraits-charges comme cette jeune fille de profil. Les Havrais sont ses modèles et paient jusqu'à vingt francs pour leur portrait : l'argent contribue au financement de son séjour parisien.

Cette photographie montre Monet à vingt ans, un peu dandy, de belle prestance et plein d'assurance, comme il le restera tout au long de sa vie.

M. Boudin par Monet
Eugène Boudin possède un magasin d'encadrement au Havre, et les artistes qui s'y rendent, Jean-François Millet et Constant Troyon, l'encouragent à peindre. Bien que ses peintures à l'huile soient de petite taille (p. 17), le fait qu'elles sont exécutées en plein air les différencie radicalement de la plupart des œuvres contemporaines. Au début, le jeune Monet les déteste, mais, avec le temps, le généreux Boudin devient son conseiller.

L'artiste en jeune homme
« Sans mon cher Monet qui donna à nous tous courage, nous aurions abandonné » se souvient Auguste Renoir. Même pendant sa première visite à Paris, Monet rejette résolument l'art « officiel », ne s'intéressant qu'aux « expérimentateurs ».

La Terrasse à Sainte-Adresse
98 x 130 cm, 1867
Peint à la maison de famille près du Havre, ce tableau reflète bien l'origine bourgeoise de Monet : son père (assis) ; à ses côtés, protégée sous une ombrelle, sa tante, Marie-Jeanne Lecadre (sa mère est morte en 1857) ; au centre et debout, silhouettes se détachant sur la mer, sans doute sa cousine parlant avec un ami. Le père de Monet travaille dans l'épicerie familiale et ne voit pas d'un bon œil les ambitions artistiques de son fils. C'est probablement grâce à sa tante que le jeune artiste est autorisé à partir pour Paris en avril 1859.

Le Musée du Havre
75 x 100 cm, 1873
Monet est toujours resté en contact avec Le Havre, et la côte normande demeura toute sa vie une source d'inspiration. Réformé après avoir contracté la fièvre typhoïde en 1861, il passe sa convalescence à peindre au Havre et dans ses environs. C'est alors qu'il rencontre le peintre hollandais Johan-Barthold Jongkind, avec lequel il travaille, et dont il admire les marines d'atmosphère.

Le Paris moderne
Le Paris dans lequel arrive Monet à dix-neuf ans, en 1859, a été récemment transformé par Haussmann. C'est la capitale incontestée de l'art, à la fois traditionnel et d'avant-garde. Malgré les instructions de sa famille et les conseils de ses amis, Monet ne suit pas les conventions et n'étudie pas la peinture « académique ». Il opte au contraire pour l'académie Suisse (du nom de son fondateur, un atelier indépendant où l'on ne dispense pas un enseignement traditionnel. C'est là qu'il rencontre Camille Pissarro qui deviendra un compagnon impressionniste.

En uniforme
Monet rejoint en Algérie le premier régiment de chasseurs d'Afrique. Plus tard, il dira : « Les impressions de lumière et de couleurs que je reçus là-bas ne devaient que plus tard se classer ; mais le germe de mes recherches futures y était. »

Portrait de Monet en uniforme de chasseur, par Charles Lhuillier, en 1861

L'ATELIER DU PEINTRE MONTRANT LA CAMPAGNE ENVIRONNANTE,

« Mon atelier ! Mais je n'ai jamais eu d'atelier », déclare Monet, lors d'un entretien, près de vingt ans après avoir peint *Le Coin de l'atelier*. Puis montrant la campagne environnante, il poursuit : « Voilà mon atelier à moi. » L'un des mythes liés à Monet – et qu'il aime à perpétuer – est que ses peintures sont toutes entièrement exécutées en plein air. Sans doute son rapport direct à la nature est-il l'essence même de son art, mais il se réserve toujours un accès à un atelier. Après les années 1870, le travail en atelier, sur des toiles commencées en plein air, devient de plus en plus important.

Poignée permettant de lever ou de baisser le chevalet

Chevalet de l'atelier
C'est l'un des grands chevalets d'atelier restés au dernier domicile de Monet à Giverny.

La palette
Cette palette est celle de Monet déjà âgé : les couleurs qu'il emploie alors sont moins terreuses. À partir de 1860, il travaille avec une palette limitée à des couleurs claires, souvent mélangées de blanc. Au centre, un bleu cobalt, qu'il privilégiera durant toute sa carrière.

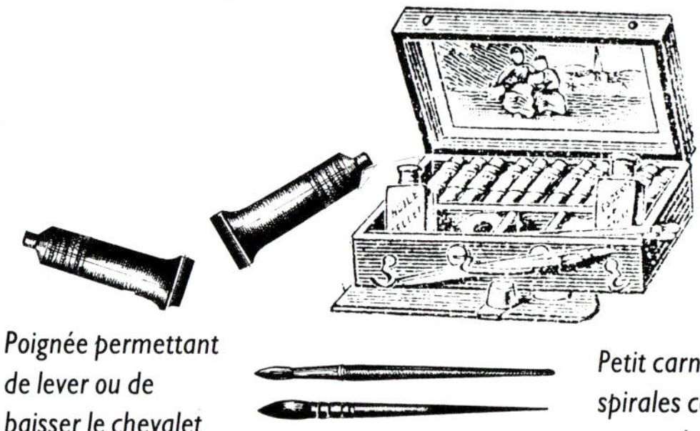

LE COIN DE L'ATELIER

182 x 127 cm, 1861

Cette grande toile aux couleurs sombres, au modelage tonal et aux ombres noires, semble bien loin de ce que le public associe à Monet. Mais cette approche non idéalisée de l'artiste à vingt ans illustre le rejet du classicisme de la peinture académique en faveur du réalisme tel que Gustave Courbet l'a exposé.

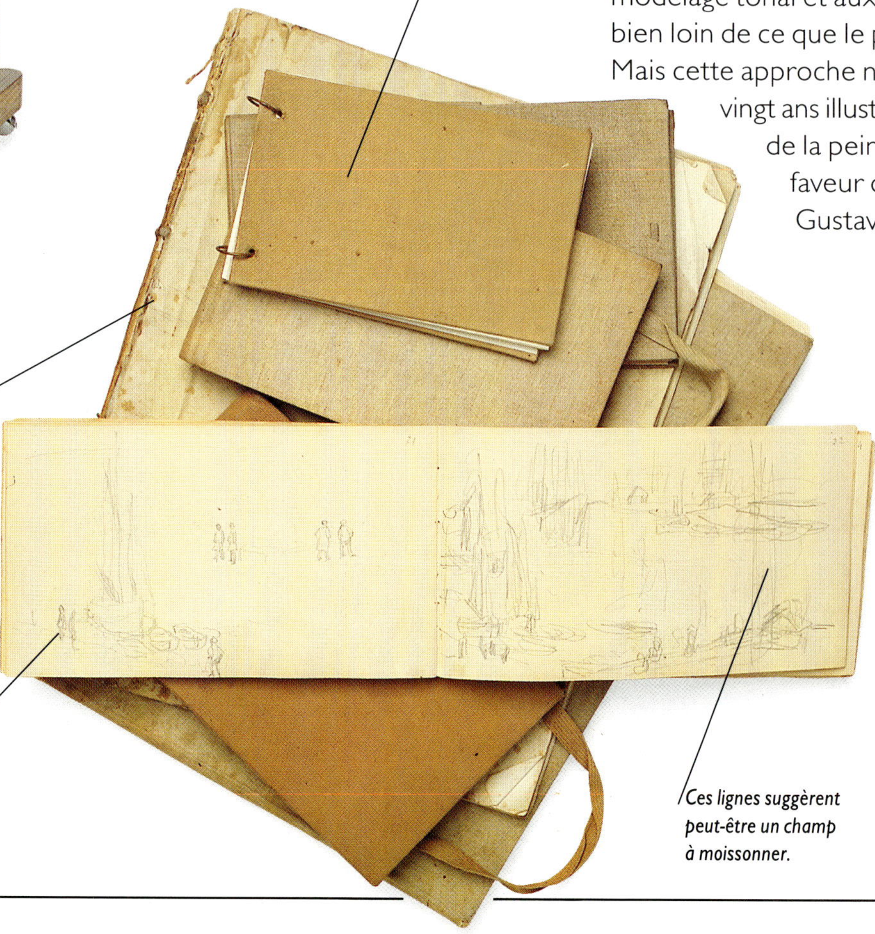

Petit carnet à spirales contenant une seule esquisse

Le plus grand de ces carnets de croquis n'a pas de couverture.

Sur ce croquis, l'angle d'un quai, un ensemble de barques et des groupes de personnes

Ces lignes suggèrent peut-être un champ à moissonner.

Carnets de croquis
La précision du dessin de Monet, si importante dans les caricatures de ses débuts, n'intervient plus du tout dans le travail de la fin de sa vie. Toutefois, ses carnets de croquis montrent qu'il a utilisé jusqu'aux années 1920 des ébauches des années 1860. Apparemment, il ne considère pas qu'il puisse s'agir d'œuvres d'art, car il dessine parfois un croquis sur un autre. Ce sont pour lui des indications préliminaires, notées, tandis qu'il cherche un motif. La dimension des carnets de croquis va de 9 x 14, 5 cm à 26 x 34 cm.

Dessin d'intérieur

Le papier mural, aux motifs chargés, et le tapis indiquent qu'il ne s'agit pas d'un atelier en tant que tel, mais de la chambre d'un artiste. Les ateliers traditionnels, tels que les utilisaient les peintres académiques, ont des murs sombres pour créer des ombres denses.
Les impressionnistes préféraient les ateliers emplis de lumière, aux murs pâles et dépourvus d'accessoires.

Les attributs du peintre

Les objets familiers de la nature morte sont suspendus au-dessus de la table et s'appuient sur elle – un sabre, un pistolet et une arme. Une pile de livres renforce l'impression de sérieux, tandis qu'un bonnet de velours à pompon est disposé avec soin sur le bord de la table. Une boîte de peinture et une palette contenant plusieurs pinceaux rappellent plus directement l'activité du peintre et font de ce tableau un hommage à son art.

Jeu d'ombre

Les surfaces arrondies de la table aux pieds tournés sont le fait d'un jeu d'ombre et de lumière. Les ombres sombres passent par des demi-tons que rehaussent des taches blanches. Peu après, Monet commencera à utiliser la couleur pour décrire les formes. Il élimine presque totalement le noir de ses peintures, même dans les ombres, comme celles, violettes, des *Barques rouges* (p. 24-25).

Peindre dans la forêt Monet convaincra Bazille, Sisley et

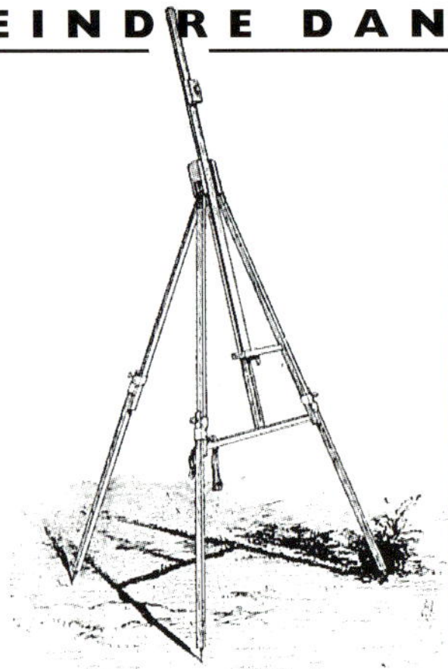

Chevalet de voyage
Le chevalet de campagne est un élément essentiel de l'équipement d'un peintre en plein air.

Monet quitte l'armée avec l'aide de sa famille. Mais c'est à la condition qu'il reprenne ses études artistiques à Paris avec un professeur reconnu. En 1862, le jeune artiste se décide à entrer, de mauvaise grâce, dans l'atelier de Charles Gleyre, dont le style quasi photographique et le fini léché des tableaux lui paraissent très académiques. Il est indigné des critiques de ce maître qui lui reproche d'être trop fidèle à la nature et de s'éloigner des canons classiques. C'est là pourtant qu'il rencontre Frédéric Bazille, Alfred Sisley et Auguste Renoir, qu'il persuade de venir peindre avec lui dans la forêt de Fontainebleau. Des paysagistes, comme Camille Corot ou Charles-François Daubigny, y pratiquaient depuis quelques années la peinture en plein air. On parlait même d'une école de Barbizon, du nom de ce village où ils se retrouvaient souvent.

Les Aulnes
Charles-François Daubigny, huile sur bois, 33 x 57 cm, 1872
Daubigny et ses amis faisaient partie de l'école de Barbizon, village proche de Fontainebleau. Leurs tableaux représentant fidèlement la nature étaient bien accueillis, comme celui-ci, mais ceux qui ne donnaient qu'une « impression de nature » étaient sévèrement critiqués.

Le travail en plein air
Ci-dessus, Camille Corot photographié devant son chevalet en 1871. L'ombrelle lui permet de contrôler la quantité de soleil qui tombe sur la toile.

Monet dira de Corot qu'il est le plus grand paysagiste.

Tronc d'arbre penché
Camille Corot, 50 x 61 cm, v. 1865.
De tels paysages aux tendres atmosphères sont fondés sur des observations de la nature, puis retravaillés en atelier.

Le Pavé de Chailly
42 x 59 cm, 1865
Monet passe le printemps et l'été 1865 dans le village de Chailly-en-Bière, près de la forêt de Fontainebleau. Il est déjà tout à l'idée de peindre en plein air comme lui ont enseigné Johan-Barthold Jongkind et Eugène Boudin (p. 6-7). L'atelier de Gleyre est fermé en 1864. Deux des camarades de Monet, Renoir et Sisley, établis à Marlotte, travaillent eux aussi dans la forêt. Dans ces scènes boisées près de Chailly, comme dans certains de ses premiers paysages, Monet utilise la diagonale d'un chemin qui s'estompe pour créer un puissant effet de profondeur. C'est peut-être le type de composition qu'il avait d'abord envisagé pour son *Déjeuner sur l'herbe* grand format, mais la peinture évoluant, il ferme la perspective profonde et situe ses personnages dans un sous-bois.

LE MATÉRIEL PORTABLE

Dans les années 1840, l'invention des tubes de peinture en métal souple facilite la pratique de la peinture à l'huile en plein air. Une industrie se développe qui fournit aux artistes un équipement portable : chevalet pliable et toiles de petit format. Pour la plupart des paysagistes, les peintures effectuées en plein air ne sont que des esquisses ou des études qui constitueront la base d'une composition en atelier.

Claude Monet peignant à l'orée de la forêt

John Singer Sargent, 54 x 65 cm, v. 1885.

Le travail en plein air est au centre de l'art de Monet. Ce portrait saisissant le montre peignant près de sa maison de Giverny (p. 34) dans les années 1880, coiffé de son célèbre chapeau, et accompagné de sa future belle-fille.

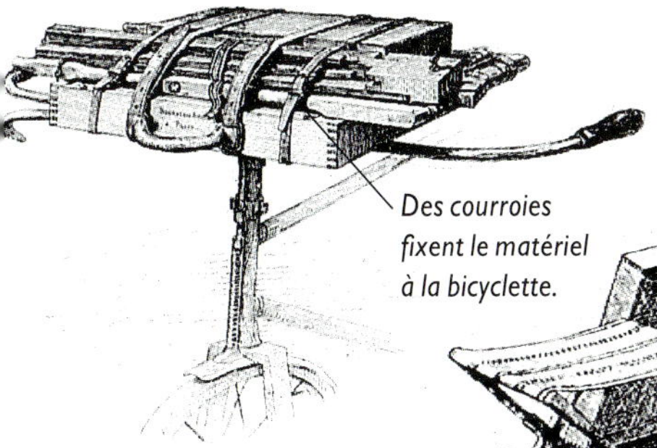

Des courroies fixent le matériel à la bicyclette.

Toile préparée sur châssis

Palette sur une boîte de peinture

Le matériel

Les artistes choisissaient leur équipement d'après des manuels et les catalogues des fabricants. Ce matériel pliable de plein air était disponible chez les marchands d'art dès 1888.

Le tronc de l'arbre est dans la même position que dans Le Pavé de Chailly.

L'ami de Monet, Frédéric Bazille, nonchalamment allongé sur le sol

Figures parmi des arbres

Cette note au crayon est l'une des nombreuses études préparatoires ou esquisses réalisées pour *Le Déjeuner sur l'herbe*. Elle montre des figures évoluant dans un sous-bois et disposées comme elles le seront dans la composition définitive.

Peinture à l'huile dans un petit sac

Jaune de cadmium

Deux récipients

À l'origine, la peinture à l'huile est contenue dans des poches qui ne sont autres que des vessies ou des testicules de porc.

L'ambulance improvisée

Frédéric Bazille, 47 x 65 cm, 1865

De Chailly où il vit depuis avril 1865, Monet écrit fréquemment à Bazille pour lui demander de le rejoindre. Ce dernier arrive en août et pose pour le *Déjeuner*. Mais le travail est interrompu, car Monet se blesse la jambe.

Ancien étudiant en médecine, Bazille soigne son ami Monet et en fait le portrait.

Le tableau le plus ambitieux que Monet ait entrepris dans sa jeunesse est resté inachevé. Il n'en subsiste aujourd'hui que deux grands fragments. L'artiste l'avait laissé en gage à son propriétaire qu'il ne pouvait payer. Monet a prévu une très grande composition avec douze personnages grandeur nature pique-niquant dans un sous-bois. Il a l'intention de la présenter au Salon de 1866. La taille de l'œuvre reflète le désir de l'artiste qu'on le remarque enfin. Le choix du sujet n'est pas étranger au *Déjeuner* d'Édouard Manet (ci-dessous) qui a attiré l'attention et provoqué le scandale en 1863. Mais les deux œuvres sont radicalement différentes. Celle de Monet ne contient aucune référence historique. C'est un simple pique-nique dont les figures évoluent dans un jeu savant d'ombre et de lumière. Monet est obsédé par le projet mais laisse passer la date limite pour le Salon et l'abandonne en 1866.

Le Déjeuner sur l'herbe
Édouard Manet,
280 x 264 cm, 1863
Respect et rivalité se mêlent dans l'attitude de Monet envers Manet qui a succédé à Gustave Courbet en tant que maître non officiel des artistes d'avant-garde. Manet est au centre de l'attention en 1863 quand *Le Déjeuner* est présenté au salon des Refusés – lieu de la contre-exposition d'œuvres d'artistes refoulés du Salon. On reconnaît sur ce tableau des emprunts à une célèbre peinture de la Renaissance attribuée au maître vénitien Giorgione (puis, plus tard, au Titien). Le public est alors scandalisé par « l'indécence » de la composition : deux hommes élégamment vêtus sont représentés aux côtés d'un nu féminin.

Les références aux maîtres anciens et l'éclairage d'atelier rendent la peinture artificielle. Monet avait incité Manet à peindre en plein air quand les deux artistes travaillaient ensemble à Argenteuil en 1874 (p. 22).

Le Déjeuner sur l'herbe

Panneau gauche : 418 x 150 cm, et central : 248 x 217 cm, 1866

Habituellement, au XIXe siècle, seuls les sujets historiques, mythologiques ou bibliques justifient de telles dimensions. Courbet a déjà provoqué des remous en présentant des portraits en pied de paysans. Et ici, la taille immense de la toile permet à Monet de faire d'une simple scène de la vie quotidienne une peinture historique. La composition évoque les photographies de groupes qui deviennent courantes à cette époque. Le thème central révèle l'influence des idées de Baudelaire exposées dans *L'Art romantique*, recueil dans lequel il exhorte les artistes à refléter dans leurs œuvres ce qui caractérise la vie moderne.

À la fin de 1865, Monet met au point l'étude définitive. Elle mesure à peu près le tiers du tableau entier.

Étude à l'huile définitive
Comme Monet le dit au duc de Trévise, collectionneur d'art, « Je procédais, comme chacun alors, par petites études sur nature et je composais l'ensemble dans mon atelier. »

Le Déjeuner sur l'herbe serait resté inachevé à la suite des critiques de Courbet.

Un panneau précieux
Lors d'une visite du duc de Trévise en 1920, Monet, âgé de quatre-vingts ans, lui dit : « Je tiens beaucoup à ce travail si incomplet et si mutilé. »

La mode change
Si l'on compare le panneau de gauche avec l'étude définitive (en haut à droite), on s'aperçoit que Monet tient compte des changements de mode. L'un de ses personnages féminins porte un chapeau plus au goût du jour, et un jeu d'ombre permet de raccourcir la traîne des jupes. L'amie de Monet, Camille Doncieux, a posé pour tous les personnages féminins présent dans le tableau.

Des rehauts audacieux
Les rehauts bleu pâle et blancs sur les silhouettes et les tissus, illustrent la technique audacieuse de Monet : tout en suggérant des formes, ils créent en surface un motif de couleurs mates. À la fois intéressé à la profondeur et à la surface dans ses peintures, Monet restera toujours attaché à cette ambitieuse tentative de sa jeunesse de concilier les deux aspects.

Portrait de Courbet ?
Dans le panneau central Monet remplaça le jeune homme assis de l'étude à l'huile par un personnage replet et barbu, qui caricature étrangement Gustave Courbet (ci-dessus).

En 1866, après avoir abandonné *Le Déjeuner*, Monet peint Camille grandeur nature (p. 25). Ce sera l'un des tableaux les plus discutés du Salon cette année-là. En dépit de ce début de succès, c'est la pauvreté, et il doit compter sur l'aide financière de sa famille et de ses amis. Il dira avoir failli se suicider. À moins que ce n'ait été qu'une exagération dans une lettre pour apitoyer Bazille ? Ces années soixante, malgré la misère, portent la marque d'un changement étonnant dans l'art de Monet, alors que lui et ses camarades imaginent une nouvelle manière de peindre le monde.

Gravure de mode de Paris, v. 1868

Les sources de la mode
Monet semble s'être inspiré de gravures de mode, pour les toilettes, mais aussi pour les poses et les effets de groupe.

Camille, qui porte ici la même robe que dans *Le Déjeuner*, a posé pour tous les personnages de cette toile. Cette atmosphère paisible ne donne aucune idée de la crise financière que connaît Monet à cette époque : il va pourtant détruire deux cents toiles pour tenter de les soustraire à ses créanciers.

Étoffe ensoleillée
Les étoffes pâles des robes portées à la fin des années 1860 ont des couleurs pures et chatoyantes que Monet apprécie. En même temps, elles confèrent à ses peintures un ton de modernité.

Une passion pour les ombrelles
Les ombrelles, un accessoire très en vogue à l'époque de Monet, sont un motif bien présent dans ses peintures de femmes. Son amie peintre, Berthe Morisot, note que, quand Monet apparaissait, « on savait de quel côté tourner son ombrelle ».

Femmes au jardin
256 x 208 cm, 1866
Tirant les leçons des difficultés rencontrées avec *Le Déjeuner*, Monet décide d'exécuter en plein air une peinture avec des figures grandeur nature. Il creuse une tranchée dans le jardin de la villa qu'il a louée à Ville-d'Avray et installe un système qui lui permet de monter ou de descendre la toile afin de peindre facilement les parties les plus hautes. Quand Gustave Courbet lui rend visite, en 1866, il trouve le peintre en train d'attendre le moment où la lumière sera parfaite pour peindre les feuilles. Et cela lui parut surprenant, lui qui peignait ses paysages dans l'atelier.

Le pont de bois partage en deux parties égales la composition.

Les Bains à la Grenouillère

73 x 92 cm, 1869

Cette scène au bord de l'eau révèle le goût de Monet pour la représentation combinée de thèmes contemporains et de jeux de lumière sur l'eau. Le style du peintre commence ici à se développer : touches vigoureuses, rapides et fragmentées sur le sujet, couleurs claires ; tout concourt à susciter l'impression d'une vie en plein air.

Un détail

Derrière les baigneuses, les nageurs, tout comme l'eau, sont audacieusement représentés par des touches fragmentées et des empâtements.

Côte à côte avec Renoir

En 1869, Monet passe l'été près de Bougival dans un tel dénuement qu'Auguste Renoir, qui habite à proximité, lui apporte des reliefs de ses repas. Les deux artistes peignent côte à côte à la plage de la Grenouillère, et Monet crée des œuvres d'une originalité saisissante.

La Grenouillère

Auguste Renoir, 65 x 93 cm, 1869

Malgré les similitudes avec le tableau de Monet, celui de Renoir diffère par la technique et le point de vue : le pinceau est léger et l'intérêt se porte davantage sur les personnages.

Lettre à Bazille

En janvier 1869, Monet est à court d'argent et de peintures. Il écrit cette lettre à Bazille pour lui demander une fois de plus des couleurs : blanc, noir et bleu cobalt.

L'Atelier de Bazille

Frédéric Bazille, 98 x 128, 5 cm, 1870

Pendant ses séjours à Paris, Monet fréquente les artistes qui rejettent l'art officiel. Il est ici près du chevalet entre Bazille (à droite) et Édouard Manet.

Autoportrait à la palette

Frédéric Bazille, 108, 6 x 72, 4 cm, 1865

En ami généreux, Bazille partage son atelier avec Monet et Renoir, et achète *Femmes au jardin*.

1870 est une année lourde d'événements pour Monet : le 28 juin, il épouse Camille ; puis sa tante – la seule de sa famille qui s'intéresse à la peinture – meurt ; le 18 juillet, la France déclare la guerre à la Prusse ; en novembre, son ami Frédéric Bazille est tué au combat à l'âge de 29 ans. Auparavant, Monet s'était réfugié en Angleterre pour échapper à l'enrôlement, mais passe finalement l'été 1870 sur la côte normande, à Trouville, avec sa femme et leur jeune fils Jean. Pendant cette période, il se consacre à des peintures de petit format et en plein air. En août, Eugène Boudin – le mentor de Monet à ses débuts – le rejoint à Trouville pour peindre. Tous les deux s'inspirent des mêmes modèles pour produire finalement des œuvres très différentes.

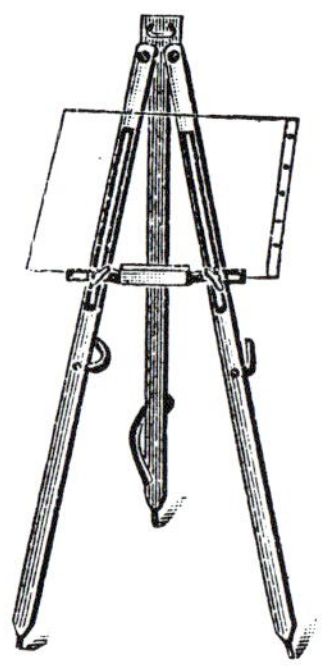

L'élégante plage de Trouville, avec ses hôtels et son casino, était alors comme « le boulevard des Italiens de la côte normande ».

Un grand drapeau flottant anime la scène.

Carnet de croquis : le numéro de page est une référence ajoutée après la mort de Monet.

Le bord de l'eau
Les côtes et l'eau sont des thèmes constants dans l'œuvre de Monet depuis les années 1860. Beaucoup de ces scènes comme ce croquis et ce tableau représentent des personnages installés au bord de l'eau. Présents à la fois dans le croquis et dans la peinture, la diagonale du bord de la plage et l'horizon créent une composition triangulaire, tout comme les voiles des voiliers, les mâts des pavillons et les cordages, le personnage au premier plan et le groupe de droite, dissimulé sous les ombrelles.

Souvenir de vacances
Se souvenant de l'été qu'il a passé à Trouville en compagnie de Monet, Eugène Boudin lui adresse cette carte postale près de trente ans plus tard : « J'ai même conservé de ce temps un dessin qui vous représente sur la plage. Elles sont là, trois femmes en blanc, jeunes encore. La mort en a emporté deux, ma pauvre Marie-Anne et la vôtre [...].Le petit Jean joue dans le sable et son papa est assis par terre un carton à la main [...]. C'est un souvenir de ce temps que j'ai toujours conservé pieusement. »

SUR LA PLAGE À TROUVILLE
38 x 46 cm, 1870
Monet peint le port de Trouville et ses hôtels alignés sur le front de mer. Il peint aussi des petits tableaux de personnages sur la plage. Leur côté « croquis » laisse penser qu'ils auraient pu être utilisés ultérieurement pour la composition en atelier d'un tableau de taille supérieure comme l'avait été *La Grenouillère*. Pourtant, il n'y en a pas trace. La plupart des toiles de cette période ont pour modèle la femme de l'artiste.

Personnages lointains étirés en un ruban sur la toile.

Scène de plage, Trouville

Eugène Boudin, huile sur bois, 21,5 x 46 cm, 1870-1874

C'est Boudin qui le premier enseigne à Monet à considérer les croquis en plein air comme une œuvre d'art achevée, plus puissante qu'une composition recréée en atelier. Mais, malgré ses idées révolutionnaires, il manqua toujours à Boudin la confiance en soi et la technique de son compagnon artiste. Comparée à la vigueur rude des œuvres de Monet, la beauté de cette petite peinture réside dans la modestie de sa taille, la délicatesse de la composition et des touches.

Des personnages raides

La sûreté de touche qui caractérise Monet est particulièrement évidente dans les personnages d'arrière-plan, dépeints de quelques touches. Le rouge égaye les gris et noir des vêtements et établit un lien entre la baie lointaine et la terre ferme.

La chaise de plage

Prenant plus de recul, Boudin faisait presque disparaître de son paysage les chaises des vacanciers, mais Monet en fait un élément même de sa composition. Réduites à de simples lignes parallèles, elles n'en organisent pas moins un contraste frappant avec les poses légèrement inclinées des figures du premier plan.

Audacieux portrait rapproché

Le visage des deux jeunes femmes, au premier plan, ne comporte aucun des détails traditionnellement associés aux « portraits ». Peu modelés et sommairement tracés à grands coups de pinceau, les deux personnages évoquent plutôt des sculptures qui contrastent avec l'arrière-plan. Elles créent, avec la diagonale du bord de l'eau, une opposition par laquelle le premier plan et l'arrière-plan se rejoignent.

Peint en une seule séance de pose en plein air, le tableau ci-dessous est un exemple de ce qui allait devenir l'impressionnisme. Les larges touches de pinceau, les formes simplifiées et la composition créent un sentiment d'instantanéité, accentué par un élément fortuit : une brise marine projette du sable sur la toile, qui s'incruste dans la peinture humide. Malgré l'absence de fini traditionnel, le fait que Monet ait signé et daté son tableau laisse supposer qu'il le considérait comme achevé.

Blanc de plomb

Bleu cobalt

Outremer

Noir d'ivoire

Vert de chrome

Vermillon

Ocre rouge-brun

Ocre jaune

La palette de l'artiste
L'analyse a permis d'identifier les couleurs et le liant de la peinture : de l'huile de pavot et de l'huile de lin. La première sèche plus lentement et jaunit moins ; on la retrouve dans les empâtements blancs des rehauts.

L'apprêt gris
L'apprêt gris pâle est effacé dans ce coin de la toile.

Particules de sable
Ce rehaut, peint en une couche épaisse sur la robe du personnage de gauche, est saupoudré de sable.

L'ombre du parasol
Le bleu de l'ombrelle de Camille n'est que partiellement teinté d'une couleur diluée, laissant par endroits l'apprêt gris apparent. En noir, Monet dessine avec un pinceau moins large les bords et les baleines qui convergent vers la ligne brune du manche. Une simple touche épaisse de blanc souligne la surface extérieure rehaussée.

Deux taches de brun rosé et quelques pointes de noir suffisent à indiquer les traits du visage.

Le ruban bleu cobalt ressort avec éclat entre le col blanc et la robe noire.

Femme en noir
Malgré les plans rapprochés des visages, Monet ne les traite pas comme des « portraits », les traits n'étant qu'esquissés. Pourtant, il saisit la concentration paisible du visage de cette femme avec le trait dépouillé d'un caricaturiste. La robe et le chapeau ne sont pas d'un noir pur – une couleur assez rare dans la peinture impressionniste –, mais d'un noir d'ivoire mêlé de vermillon et de bleu cobalt.

Bien que les couleurs soient mélangées par endroits, les coups de pinceau restent apparents.

Monet utilise des petites taches bien différenciées de jaune, de bleu et de rouge, et des filets de vert.

Couche sur couche
Pour achever une peinture en une seule fois, comme Monet le fait ici pour cette toile, le peintre ne peut attendre que la couche de peinture soit sèche. Il doit appliquer une couleur sur une autre encore fraîche.

La Plage de Trouville
37,5 x 45,7 cm, 1870
Monet choisit un plan tellement rapproché que le personnage de droite se trouve en partie coupé. Camille est à gauche, et la chaussure de Jean est accrochée au dossier de la chaise entre les deux femmes.

Images négatives
L'un des aspects les plus audacieux du tableau tient dans la façon dont Monet suggère une main, en laissant simplement l'apprêt pâle en évidence, comme un rehaut contrastant avec la robe noire. Pour le journal, Monet utilise un pinceau à bout carré comme quand il dispose les empâtements de blanc sur les genoux de Camille. Ci-dessus, la couche d'apprêt transparaît et se mélange au blanc.

La période d'Argenteuil Quelques années paisibles et productives,

Argenteuil, au bord de la Seine, n'est qu'à un quart d'heure en train de Paris. C'est dans ce village, célèbre pour ses promenades et ses voiliers, que Monet passe de 1871 à 1878 les années les plus paisibles et les plus fécondes de la première partie de sa vie. Il y produit plus de cent soixante-dix œuvres : scènes de sa femme et de son fils dans leur jardin ou dans les prairies environnantes, et nombreuses vues du fleuve. Il jouit alors d'une certaine aisance due en partie à Paul Durand-Ruel, le marchand d'art qu'il rencontre à Londres en 1870. Entre 1872 et 1873, Durand-Ruel lui achètera pour vingt-neuf mille francs de tableaux, avant de devoir suspendre ses achats quelques années en raison de ses propres difficultés financières. Monet continuera à devoir emprunter de l'argent à ses amis.

La première demeure
En 1871, Monet loue cette maison (ci-dessus) près de la voie ferrée pour mille francs l'an. C'est Manet, qui habite à côté, qui la lui a trouvée.

La seconde demeure
En 1874, la famille de Monet déménage pour cette maison plus grande située au coin de la même rue.

Le Déjeuner
162 x 203 cm, 1873
Cette scène, située dans le jardin de la première maison, a quelque chose de mélancolique. Le jeune fils de Monet, Jean, est assis dans l'ombre tachetée du feuillage, seul et tout absorbé dans ses jeux. Deux femmes se détachent de l'arrière-plan, et le chapeau qui pend, accroché aux branches d'un arbre, accentue les qualités décoratives de l'œuvre.

Suivant l'exemple du peintre Charles-François Daubigny, Monet se fait construire un bateau-atelier.

Le bateau-atelier
La cabine est suffisamment grande pour lui permettre de peindre à l'intérieur, mais il peut aussi travailler sur le pont, protégé par un auvent de toile. À la différence de Daubigny qui fait de longues balades en barque pour peindre, Monet reste près de chez lui, s'arrêtant sur un bord tranquille de la Seine ou dans l'atmosphère animée d'une régate de voiliers.

Proue effilée construite selon un plan local traditionnel

Claude Monet en train de lire
Auguste Renoir, 61 x 50 cm, 1872
Pendant l'époque d'Argenteuil, Monet reçut souvent ses amis peintres, dont Manet, Renoir et Sisley. Plutôt que de représenter son ami en artiste, comme il le fait parfois (p. 25), Renoir le montre ici dans une pose de la vie quotidienne avec sa pipe et son journal.

La pipe de Monet
Fumeur invétéré, Monet est souvent représenté en train de peindre, une cigarette à la bouche. Ici, c'est l'une des pipes qu'il fumait quand il se détendait.

Affiche des régates d'Argenteuil

Régates

En 1871, l'année où Monet s'établit à Argenteuil, cette partie de la Seine est devenue un site d'une telle importance pour la voile que le village accueille des compétitions internationales. Le canotage et la voile seront pour Monet une constante source d'inspiration.

Régates à Argenteuil

48 x 75 cm, 1872

Cette petite peinture vigoureuse est peut-être l'esquisse que Monet vend à son voisin, le peintre Caillebotte.

Pour saisir et fixer les effets fugitifs de la lumière sur l'eau, Monet peint les reflets avec des touches fragmentées de bleu, orange, rouge et vert, alliées à des empâtements, les unes et les autres n'étant jamais mélangées.

Auvent de toile

Des fenêtres ont été aménagées devant, derrière et sur les côtés de la cabine.

Réplique du bateau-atelier de Monet

Lettre à un ami

L'un des collectionneurs les plus fidèles à Monet pendant son séjour à Argenteuil est le médecin Georges de Bellio. Deux jours avant son départ d'Argenteuil, en janvier 1878, Monet lui écrit pour lui demander une aide financière : « De nouveaux malheurs m'accablent, je n'avais pas assez d'être à court d'argent, voici ma femme malade. »

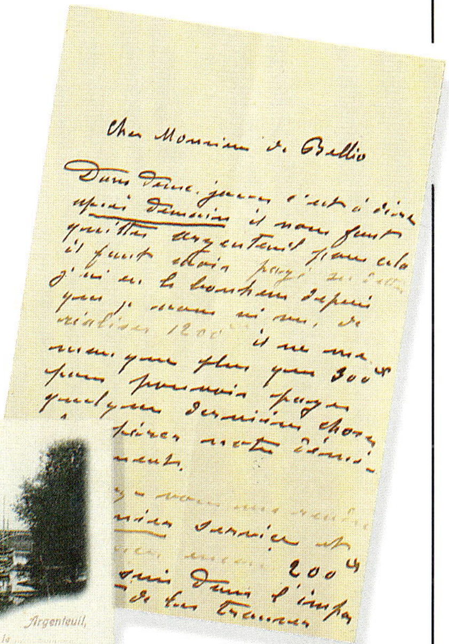

Ponts sur la Seine

Deux ponts traversaient alors la Seine à Argenteuil : un pont de chemin de fer et un pont routier. Leurs silhouettes animent et construisent de nombreux tableaux de cette période.

Monet peint à plusieurs reprises les voiliers à Argenteuil. Il installe son chevalet sur la rive ou travaille dans son bateau-atelier (p. 20-21), comme il le fit pour *Les Barques rouges* (ci-contre). Bien qu'il peigne sur le motif, il reconstruit toujours ses paysages. Ici, la composition est influencée par les estampes japonaises, qui connaissaient leur heure de gloire dans les milieux artistiques. Malgré l'industrialisation rapide d'Argenteuil, Monet a représenté ici un paysage paisible, « débarrassé » des cheminées d'usine qui se multipliaient et gâchaient l'horizon.

En coupant les mâts de ses bateaux, Ando Hiroshige les inscrit dans l'arrière plan du tableau, une technique adoptée par Monet dans de nombreuses œuvres.

L'inspiration japonaise
L'estampe *Tsukuda sous la pleine lune*, de Ando Hiroshige, est l'une des dizaines d'estampes japonaises de la collection personnelle de Monet. Lui-même et ses amis impressionnistes sont inspirés par l'utilisation que font les artistes japonais de couleurs franches et mates, et par leur sens de la composition.

Monet peignant dans son bateau-atelier
Édouard Manet, 80 x 98 cm, 1874
Manet peint son ami travaillant sur son bateau-atelier arrêté près des bateaux de location à Argenteuil. Sa femme, Camille, est assise à l'entrée de la cabine. Mais contrairement à Monet, Manet fait figurer à l'arrière-plan les cheminées d'usine, symboles des temps modernes qui furent un thème central dans son œuvre.

La maison de location de bateaux est visible sur la rive gauche, comme dans *Les Barques rouges* de Monet.

Sous l'auvent
Ce dessin de Monet, effectué tandis que son bateau-atelier est mouillé dans la zone de location des bateaux, donne une impression vivante de l'artiste au travail et montre qu'il se tient à proximité de son sujet. La figure assise en face de lui, et légèrement esquissée, est probablement sa femme, Camille.

La porte du bateau et l'auvent encadrent la scène.

On retrouve cette vue de face d'un voilier à fond plat dans Les Barques rouges.

Les Barques rouges
55 x 65 cm, v. 1875
Ce tableau est l'un des nombreux paysages que Monet exécuta dans la zone des bateaux de location. Alors qu'il saisit souvent les voiliers en pleine vitesse, cette scène paisible représente des bateaux au mouillage, voiles baissées et vus de face.

Les lignes parallèles
L'équilibre de la composition est créé par les séries de parallèles verticales que forment les mâts. Le mât central et son reflet dans l'eau se prolongent presque jusqu'au bord même de la toile. Par ce procédé, Monet établit un jeu entre l'espace imaginaire et la surface réelle du tableau.

Le château rose
La présence de ce château élégant au milieu de l'horizon n'est indiquée que par quelques touches.

Les contrastes de couleurs
Monet utilise des couleurs complémentaires : rouge et vert, bleu et orange, jaune et violet. Les rehauts jaunes, par exemple, contrastent avec les ombres violettes. Quand ces couleurs sont mises côte à côte, chacune rehausse l'effet de l'autre et rend bien le chatoiement de l'eau.

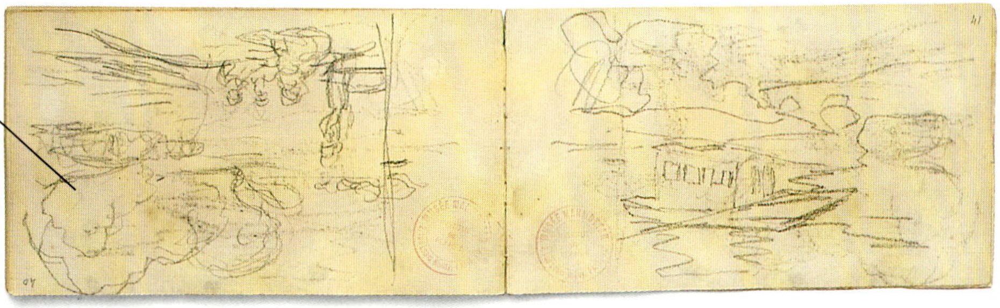

Dessiné à l'envers, un croquis de personnages sur le bord d'une rivière

Le bateau-atelier
Monet introduit ce motif dans plusieurs de ses tableaux. L'un d'entre eux dépeint une vue analogue à celle de ce croquis. Dans les deux cas, croquis et peinture, l'atelier est mouillé dans un endroit isolé de la Seine ; des reflets s'animent dans l'eau et une rive boisée apparaît à l'arrière-plan.

Plusieurs fois refusés par le jury du Salon, Monet et ses amis relèvent le défi et décident d'organiser une exposition indépendante. Le photographe Félix Tournachon – connu sous le nom de Nadar – prête au groupe d'artistes les ateliers spacieux qu'il possède, boulevard des Capucines, à Paris. Le 15 avril 1874, trente membres de la toute nouvelle « Société anonyme des artistes-peintres, sculpteurs, graveurs, etc. » organisent leur première exposition commune. Parmi eux : Monet, Auguste Renoir, Alfred Sisley, Camille Pissarro, Edgar Degas, Paul Cézanne, Berthe Morisot et Eugène Boudin. La Société anonyme ne revendique ni style ni identité de groupe. Les exposants ont en commun leur opposition à l'art officiel. Dix jours après l'ouverture de l'exposition, le critique Louis Leroy, prenant pour prétexte l'une des douzes œuvres de Monet présentées, *Impression, soleil levant* (ci-dessous), intitule ironiquement son article « Exposition des impressionnistes » : le mot est lâché, le nom leur est resté.

Ci-dessus, l'atelier de Nadar

Pour se moquer
La terreur exprimée par les personnages de cette caricature laisse entrevoir le ton de l'article du critique Louis Leroy.

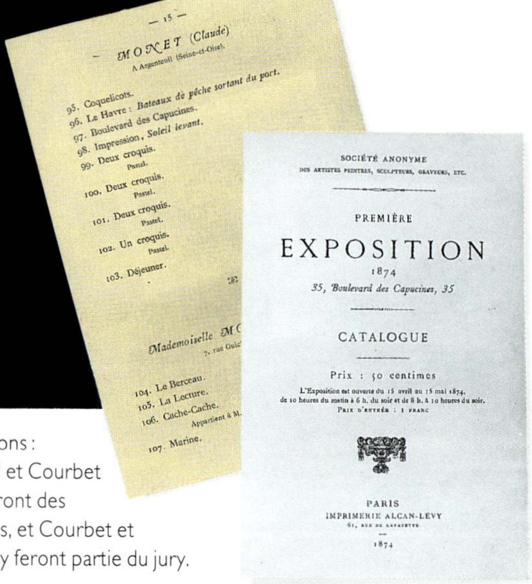

— 15 —

MONET (Claude)
A Argenteuil (Seine-et-Oise).

95. Coquelicots.
96. Le Havre : *Bateaux de pêche sortant du port.*
97. Boulevard des Capucines.
98. Impression, *Soleil levant.*
99. Deux croquis.
Pastel.
100. Deux croquis.
Pastel.
101. Deux croquis.
Pastel.
102. Un croquis.
Pastel.
103. Déjeuner.

Mademoiselle MO[illegible]
7, rue Guic[illegible]

104. Le Berceau.
105. La Lecture.
106. Cache-Cache.
Appartient à M[illegible]
107. Marine.

SOCIÉTÉ ANONYME
DES ARTISTES PEINTRES, SCULPTEURS, GRAVEURS, ETC.

PREMIÈRE
EXPOSITION
1874
35, Boulevard des Capucines, 35

CATALOGUE

Prix : 50 centimes
L'Exposition est ouverte du 15 avril au 15 mai 1874,
de 10 heures du matin à 6 h. du soir et de 8 h. à 10 heures du soir.
PRIX D'ENTRÉE : 1 FRANC

PARIS
IMPRIMERIE ALCAN-LÉVY
61, RUE DE LAFAYETTE
1874

Première exposition
Bien que le Salon reconnaisse plutôt la peinture historique et le portrait académique classique, il permet aussi des innovations : Jongkind et Courbet obtiendront des médailles, et Courbet et Daubigny feront partie du jury.

Impression, soleil levant
48 x 63 cm, 1873
Le titre de cette vue du Havre est une expression utilisée par des artistes, tels Daubigny et Jongkind, pour décrire les paysages traités librement. Leroy s'empare du titre pour centrer son attaque sur l'exposition, disant : « Impression [...]. Je me disais aussi, puisque je suis impressionné, il doit y avoir de l'impression là-dedans. » Et pourtant, ironie du sort, ces fins lavis qui remplacent l'habituelle touche fragmentée font que cette peinture n'est pas typique du « style impressionniste » de Monet.

Camille ou Femme à la robe verte
231 x 151 cm, 1866
Monet voit deux de ses marines acceptées et vantées au Salon de 1865. Mais le portrait a un statut plus élevé dans la hiérarchie des genres, et cette figure grandeur nature de Camille est l'un des triomphes du Salon de 1866.

Vues du Salon
Au Salon, les tableaux sont accrochés presque jusqu'au plafond. Les moins conventionnels, souvent suspendus tout en haut, peuvent à peine être vus. Dès 1879, à l'époque de ces illustrations, le monopole du Salon est menacé ; le salon des Refusés de 1863 avait exposé plus de quatre mille tableaux refusés par le jury du Salon. En 1867, Manet et Courbet avaient exposé dans leur propre pavillon, à l'Exposition universelle, donnant ainsi à Monet et ses amis l'idée d'une exposition indépendante.

Paul Durand-Ruel
Alors que l'emprise du Salon sur l'art français se relâche, des marchands, spécialistes de l'art, apparaissent. Paul Durand-Ruel – le premier et le plus important d'entre eux pour les impressionnistes – vend sa boutique de matériel en 1869 pour se consacrer à la vente.

Plusieurs impressionnistes exposeront dans ses locaux situé entre les rues Le Peletier et Laffite.

1, RUE LAFFITTE, 1
ANGLE DU BOULEVARD DES ITALIENS
8ME EXPOSITION
PAR
Mme MARIE BRACQUEMOND | Mlle BERTHE MORISOT | MM. SCHUFFENECKER
MM. DEGAS | MM. C. PISSARRO | SEURAT
FORAIN | L. PISSARRO | SIGNAC
GAUGUIN | ODILON REDON | TILLOT
GUILLAUMIN | ROUART | VIGNON
ZANDOMENEGHI
Ouverte du 15 Mai au 15 Juin
DE 10 HEURES A 6 HEURES
PRIX D'ENTRÉE : 1 FRANC

Claude Monet
Auguste Renoir, 85 x 60,5 cm, 1875
Renoir peint ce portrait l'année où Durand-Ruel organise une vente aux enchères publiques d'œuvres impressionnistes à l'hôtel Drouot. Le marchand se souvient : « Les insultes qui nous étaient lancées – particulièrement à Monet et Renoir ! Le public hurlait et nous traitait comme des imbéciles [...]. Des œuvres vendues que pour cinquante francs – et uniquement pour les cadres. »

Le groupe se sépare
Monet est présent aux quatre premières manifestations, mais en 1880, soucieux d'obtenir une reconnaissance, il tient sa première exposition particulière dans les locaux du magazine *La Vie moderne*.

Monet pésente un tableau au Salon officiel de 1880 et boudera l'exposition de 1886.

La gare Saint-Lazare Ce thème, jamais traité en peinture, permet

Déjà présents dans le détail de certains paysages d'Argenteuil, les trains deviennent pour Monet le thème central de son travail en 1877. Cette année-là, toujours installé à Argenteuil (p. 20), il loue un petit appartement à Paris près de la gare Saint-Lazare, dont il peint douze vues différentes : à l'extérieur du bâtiment et à l'intérieur, où les trains semblent poser volontiers pour le peintre.

Ci-contre, un horaire Argenteuil-Paris

Parcours aisé
Monet habite à une minute de la gare d'Argenteuil d'où les trains pour Paris sont fréquents.

La diagonale du quai oriente le regard vers le centre du tableau.

Des traits fermes délimitent le cadre.

L'heure du départ
Parmi les nombreuses esquisses que Monet a faites de Saint-Lazare, celle-ci montre un train quittant la gare. Elle est très proche d'une autre peinture de la série.

Pour certains de ses tableaux de Saint-Lazare, Monet installe son chevalet au milieu des voies de garage.

Le Train dans la neige. La Locomotive
59 x 78 cm, 1875
Deux ans avant les vues de Saint-Lazare, Monet avait peint cette locomotive à la gare d'Argenteuil. L'avant rouge et les lumières jaunes de la machine contrastent avec la forme noire du train estompée dans la brume de ce milieu d'hiver. Les ombres colorées sont projetées sur la neige.

La Gare Saint-Lazare
54,3 x 73,6 cm, 1877
C'est ici l'une des quatre toiles qu'il peint à l'intérieur du bâtiment. Ce thème urbain et résolument moderne est caractéristique de l'époque. Expression de l'industrialisation récente, la gare Saint-Lazare offre surtout au peintre un spectacle digne de ses aspirations : immenses volutes de fumée et jeux de lumière sous la marquise de verre.

Le métal et la vapeur
Le V inversé de la marquise domine la composition. Les lignes foncées du toit produisent un puissant contraste avec les nuages duveteux gris-bleu de la vapeur et le ciel gris lumineux. Monet ne recouvre que légèrement un coin de ciel (voir ci-dessous la photographie du tableau à contre-jour), de sorte que l'apprêt prend un éclat particulier. Il laisse délibérément une réserve dans le toit sombre qu'il couvre alors superficiellement de touches de gris.

Les couleurs du soir
L'apparente noirceur de la verrière, des machines et des personnages contient en fait peu de couleur noire. Monet obtient cet effet par la combinaison de diverses couleurs vives – des bleus, des verts et des rouges.

La touche finale
Monet éclaire la surface avec de petites touches éclatantes et des lignes de vermillon, de bleu et de vert, appliquées avant que la couche précédente ne soit tout à fait sèche. La signature brun-rouge, devenue illisible, est aussi ajoutée à ce stade final du travail. On peut voir dans les angles les trous laissés par les punaises lorsqu'il transportait chez lui la toile encore humide.

Les cachets du fournisseur
Encore visibles au dos du tableau, les cachets du fournisseur de toiles Deforge Carpentier (ci-dessus) et du fabricant de châssis Hostellet. C'est une toile pré-tendue et pré-apprêtée.

Des volutes de fumée voilent le toit sombre.

Les formes des motifs principaux sont les premières à être peintes.

Épaisse et fine
La photographie de ce tableau fortement éclairé par l'arrière révèle de façon éclatante les différentes couches de peinture.
La lumière orange surgit à travers les couches les plus minces. En haut à droite, Monet ne peint pas le toit, laissant la toile nue apparaître pour figurer un léger nuage de fumée. Les endroits les plus sombres sont les motifs principaux : trains, personnages, le mur et toit de la gare.

Pendant l'été 1876, Alice et Ernest Hoschedé invitent Monet à décorer leur luxueux château de Montgeron. Un an plus tard, la faillite de leur négoce de tissus met un terme à ce somptueux train de vie, et Ernest, incapable d'affronter la situation nouvelle, quitte sa femme, alors enceinte, et ses cinq enfants. Le château est saisi. Entre-temps, les familles Monet et Hoschedé sont devenues très proches. Alice et les enfants se joignent à Monet, Camille et Jean. Ils vont ensemble partager une maison dans le village de Vétheuil et ne se sépareront plus. Plusieurs mariages allaient confirmer ces liens pour toujours.

Camille Monet

De gauche à droite : Suzanne, Blanche, Germaine et Marthe Hoschedé

Portrait d'Alice Hoschedé réalisé en atelier

Les Dindons
174 x 172,5 cm, 1877
C'est l'une des quatre grandes « décorations » commandées par Hoschedé à Monet pour son château de Montgeron, près de Paris. Le thème en est assez inhabituel.

La tombée en disgrâce

Au style de vie d'Alice, brillant et respectueux des convenances, succède un mode d'existence marqué par la pauvreté et le non-conformisme : Alice à cessé toute vie commune avec son mari et vit aux côtés du peintre, après la mort de Camille en 1879. Ce n'est qu'à la mort d'Ernest en 1891 qu'elle devient « Madame Monet ».

Ernest Hoschedé patronne les arts, mais se ruine.

Scène familiale
Pendant quelque temps, la maisonnée Monet-Hoschedé vit à l'étroit avec trois adultes et huit enfants. Mais ce croquis d'enfants studieux autour d'une table évoque un bonheur simple.

Vétheuil vu de Lavacourt
60 x 81 cm, 1879
Argenteuil, où Monet avait vécu pendant les années 1870 et qui est lié à la période de « pur impressionnisme », s'industrialise de plus en plus. En 1878, les familles Monet et Hoschedé s'établissent à Vétheuil, « un endroit ravissant » sur les bords de la Seine, plus éloigné de Paris. Cette peinture révèle les plaisirs que procurent à Monet ces paysages baignés par un fleuve. « Je suis devenu un campagnard une fois de plus », écrit-il à l'un de ses amis. On observe désormais un changement dans sa façon de travailler : le temps est loin où il se plaisait à peindre ses amis. Les scènes de loisirs populaires dans la campagne des banlieues disparaissent au profit de vues intemporelles de la seule nature.

Le musée Marmottan, à Paris, abrite une magnifique collection provenant du legs de Michel Monet.

Un portrait de papa ?

Le fils aîné
Ce dessin aux traits inhabituellement précis représente Michel Monet, le seul fils qui ait survécu à son père. À sa mort, en 1966, il laissa à l'État la maison de Giverny.

Michel Monet

Jean-Pierre Hoschedé

Les plus jeunes enfants
C'est probablement en 1881 que Monet fait cette étude au pastel de son fils Michel et de Jean-Pierre Hoschedé. Cette année-là, les deux familles quittent Vétheuil pour Poissy. Peu après, Monet commence ses campagnes de peinture, loin de chez lui, laissant Alice prendre soin des enfants.

Ici, Monet a représenté Germaine avec le fils d'Alfred Sisley.

Les filles Hoschedé
Les relations familiales se compliquent encore au cours des ans : Blanche, la fille d'Alice, épouse Jean Monet, et Suzanne le peintre Théodore Butler. À la mort de celle-ci, ce dernier épouse Marthe.

Portrait de Michel en bonnet à pompon
46 x 38 cm, 1880
Monet fait ce portrait de son fils Michel l'année qui suit la mort de Camille. Il vivait alors à Vétheuil avec Alice et les huit enfants Monet-Hoschedé.

Camille, la première épouse de Monet, était malade bien avant la naissance de leur second fils, Michel, en mars 1878. Quand elle meurt, en septembre 1879, à l'âge de trente-deux ans, Monet perd non seulement sa femme, mais aussi son modèle favori. Des années plus tard, il était encore effrayé de l'avoir considérée davantage avec l'œil de l'artiste qu'avec émotion : « Je me surpris [...] dans l'acte de chercher machinalement la succession, l'appropriation des dégradations de coloris que la mort venait d'imposer à l'immobile visage [...]. Mais avant même que s'offrît l'idée de fixer des traits auxquels j'étais si profondément attaché, voilà que l'automatisme organique frémit d'abord au choc de la couleur. »

Camille Monet sur son lit de mort
90 x 68 cm, 1879
Comme dans de nombreux tableaux de Camille, son visage est enveloppé dans un voile ; mais ici le voile est son linceul (à droite). Des détails saisissants, tels que la façon dont ses lèvres ont été comme englouties par la mort, confèrent à cette représentation la tragique dimension de l'instantanéité.

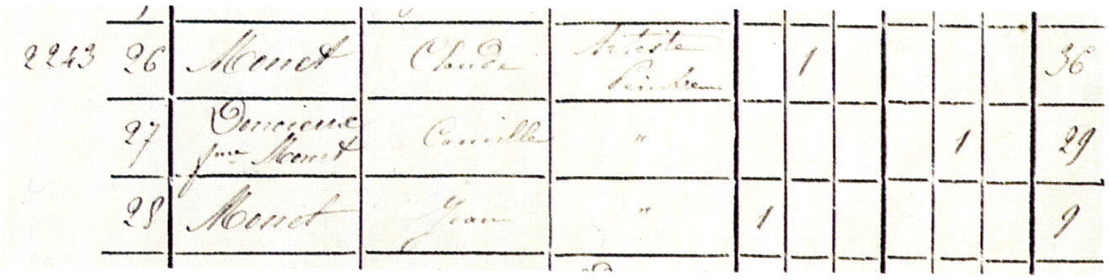

2243	26	Monet	Claude	Artiste Peintre		1		36
	27	Doncieux fme Monet	Camille	"			1	29
	28	Monet	Jean	"	1			9

La famille de l'artiste
Document rare, ce recensement a été effectué lorsque la famille Monet vivait à Argenteuil en 1876. Le peintre avait trente-six ans, Camille vingt-neuf et leur fils, Jean, neuf.

Les fleurs rouges
Le visage et le corps semblent se confondre avec le linceul à peine esquissé. Un bouquet de fleurs sur la poitrine ajoute une touche subtile de couleur.

Vêtement et ciel sont ton sur ton, mais la silhouette se détache grâce à un contre-jour subtil.

La Promenade
100 x 81 cm, 1875
Cette représentation de Camille exécutée quatre ans avant sa mort est l'une des plus belles. Une brise estivale amène les bords du voile sur son visage tourné vers le bas de la colline, tandis que le soleil l'enveloppe d'un halo de lumière.

Timbre à sa signature
La signature noire, qui ressort avec austérité d'une toile presque nue en cet endroit, n'est qu'un timbre apposé après la mort de Monet.

L'hiver qui suivit la mort de Camille fut très rude.

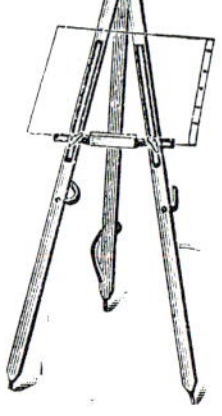

Vétheuil dans le brouillard
60 x 71 cm, 1879
Les tons de ce tableau reflètent sans doute plus les conditions atmosphériques du terrible hiver qui suivit la mort de Camille que l'état d'esprit de Monet.

Claude Monet

Au milieu des années 1880, Monet décide de réaliser un ambitieux ensemble de peintures de personnages inscrits dans un paysage. L'œuvre ci-dessous est sans doute l'une des premières, elle va de pair avec une autre, celle de la *Femme à l'ombrelle tournée vers la droite.* La composition se réfère à *La Promenade* (p. 30) montrant Camille et Jean sur le haut d'une colline. Ici, le modèle est Suzanne, la fille d'Alice Hoschedé, qui devient le modèle préféré de Monet après la mort de Camille. Il avait l'intention, à Giverny, de prendre un modèle professionnel, mais les réactions de sa jalouse épouse l'incitèrent à y renoncer.

FEMME À L'OMBRELLE TOURNÉE VERS LA GAUCHE

131 x 88 cm, 1886

Pour ce tableau, exécuté onze ans après *La Promenade,* Monet place le personnage en hauteur, sur le sommet de la colline une brise soufflant dans son dos comme en témoigne le mouvement de l'écharpe bleue. La courbe du corps se prolonge dans l'ample mouvement de l'ombre.

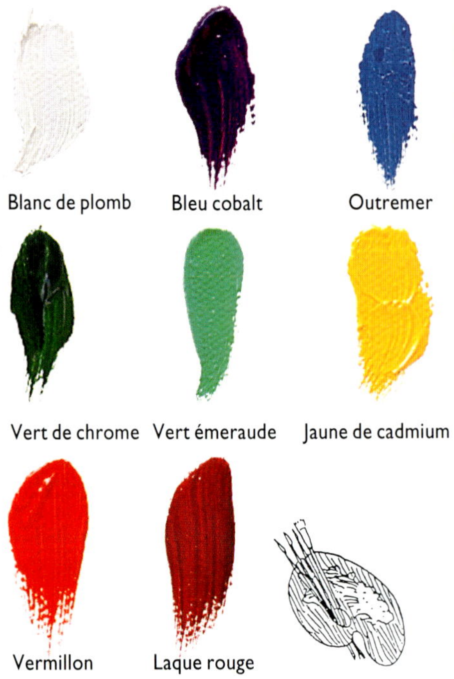

La palette de l'artiste

Pour les trois quarts supérieurs du tableau, Monet mélange ses couleurs avec du blanc de plomb pour obtenir une composition délicate dans les bleus pastel, roses pâles et doux verts absinthe. Par contraste, l'herbe a des couleurs plus sombres et plus variées. Mais les blancs subtilement multicolores de la robe reflètent les teintes des deux plans du tableau.

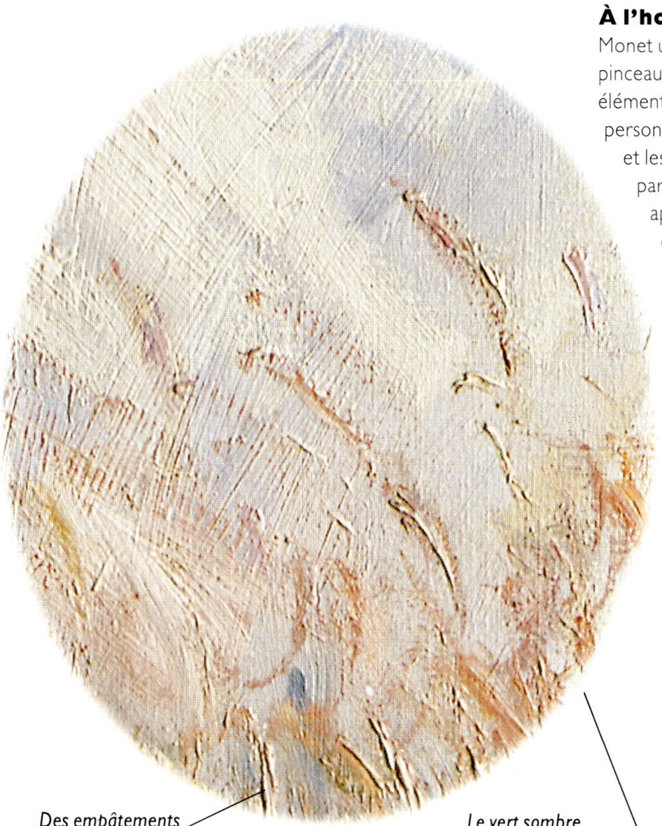

À l'horizon

Monet utilise trois types de pinceaux pour traiter les trois éléments du tableau : le ciel, le personnage et l'herbe. Le ciel et les nuages sont obtenus par de larges touches apparentes. La ligne d'horizon est masquée sous une herbe rosée qui empiète sur le blanc des nuages, créant ainsi une zone intermédiaire entre l'ombre du personnage et l'éclat du ciel nuageux.

Cette zone chargée de vert absinthe remplit l'espace entre le visage et l'écharpe bleue.

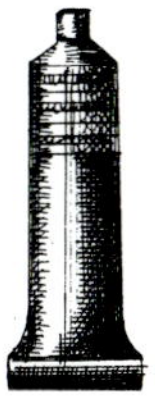

Derrière le voile peint

Monet dépersonnalise son personnage, en dissimulant les traits du visage sous le voile qui le recouvre. Encadré par le vert lumineux de l'ombrelle, il n'est pas tourné vers l'artiste comme dans *La Promenade ;* sans regard, elle semble fixer l'horizon d'un air serein.

Des empâtements de couleur créent des ombres réelles à la surface du tableau.

Le vert sombre (vert de chrome) de l'herbe contre la robe rose pâle

La robe et le ciel

Baignée de roses et de bleus, la robe blanche est plus travaillée que le reste du tableau. On y note davantage de matière. L'ombre est colorée : ici une étroite mais ferme ligne bleue crée le lien entre le ciel et le tissu (à droite).

De petites touches de jaune brillant recréent les effets du soleil.

Virtuosité du pinceau

L'herbe est d'une facture étonnamment vigoureuse : de petits coups de pinceau semblables à des virgules suggèrent une variété de touffes balayées par le vent. Les touches de soleil rose et jaune contrastent avec les verts sombres, les rouges et les pourpres de l'ombre (à gauche).

« Je suis dans le ravissement, Giverny est un pays splendide pour moi. » Laissant derrière lui le Poissy qu'il déteste, Monet découvre le paisible village de Giverny à quatre-vingts kilomètres de Paris. Il y arrive avec Alice et les enfants en 1883 et ne le quittera plus. Le plaisir du déménagement est malheureusement entamé par la nouvelle de la mort de Manet. Monet part aussitôt à Paris pour l'enterrement du maître non officiel de « l'art moderne ». Cette année-là, pour la première fois, Monet expose seul chez Durand-Ruel mais il est salué avec indifférence. Lors d'une exposition organisée à New York en 1886, il remporte un certain succès. Après une vaste rétrospective trois ans plus tard, la critique se montre enfin favorable.

Giverny (ci-dessus) est niché au bas des collines normandes ; au sud-est, des prairies traversées de cours d'eau, s'étendent vers la Seine.

La grande allée
Aussitôt installé, Monet commence à transformer le jardin (p. 52). Les nombreuses modifications qu'il veut apporter à l'allée centrale ne vont pas manquer de provoquer des disputes familiales, mais, finalement, roses et capucines finiront par l'emporter pourtant sur les épicéas et les sinistres cyprès.

La dernière demeure
Monet et la famille demeurent dans une auberge avant de s'installer dans la maison rose aux volets verts, « le Pressoir ». À sa mort, en 1966, Michel Monet laisse la maison à l'Académie des beaux-arts. Restaurée, elle est depuis ouverte au public.

Dîner à Giverny
La salle à manger jaune (ci-dessous) est au centre de la vie familiale. Monet et Alice ont des goûts de gourmets auxquels ils cèdent avec délices.
La journée de travail de Monet commence à l'aube et se termine à l'heure du dîner fixée à dix-neuf heures.

Une grande famille
La famille pose dans le jardin quelques années après l'installation à Giverny. De gauche à droite, en commençant par Michel Monét (assis), Alice Hoschedé (derrière lui), Claude Monet (debout), Jean-Pierre Hoschedé, Blanche Hoschedé, Jean Monet, Jacques Hoschedé, Marthe Hoschedé (devant), Germaine Hoschedé et Suzanne Hoschedé. Ils sont tenus à l'écart du petit village qu'habitent surtout des paysans. Le curieux métier qu'exerce Monet le fait considérer comme un bohémien. Mais plus que tout, c'est cette curieuse maisonnée qui l'entoure, avec tant de femmes, et tant d'enfants, qui n'est pas regardée d'un très bon œil.

Le soutien financier

De 1873 à 1880, Durand-Ruel ne peut acheter les peintures de Monet. Mais, quand la situation financière du marchand s'améliore, celle de Monet s'améliore aussi. Pendant les premières années à Giverny, il reçut trente mille francs par an de « Monsieur Durand » qui lui verse des sommes régulièrement (ci-dessous), se charge de régler son matériel de peinture (à droite) et paie même la note de son tailleur !

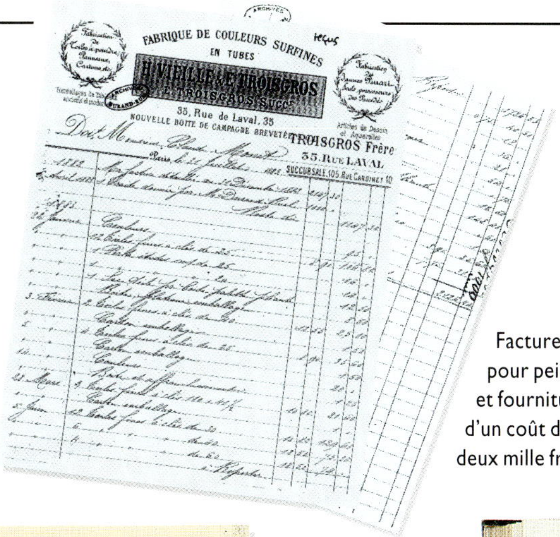

Facture détaillée pour peintures et fournitures d'un coût d'environ deux mille francs

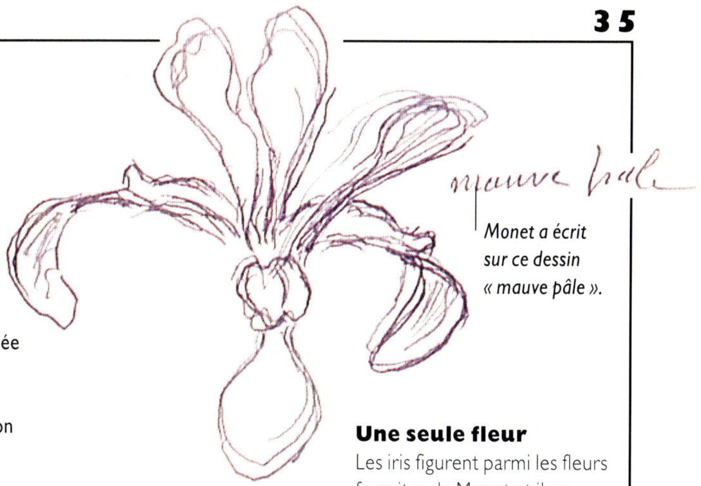

Monet a écrit sur ce dessin « mauve pâle ».

Une seule fleur

Les iris figurent parmi les fleurs favorites de Monet et il en plante dans tout le jardin. Ce dessin est un ajout tardif à l'un de ses carnets de croquis.

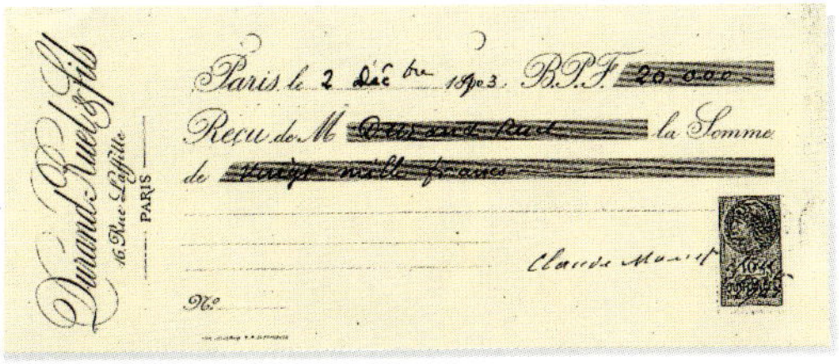

Reçu pour la somme de vingt mille francs versés par Durand-Ruel à Monet

Clématites blanches

92 x 52 cm, 1887

Monet va créer un jardin fleuri qui va lui procurer des motifs à peindre en intérieur les jours de pluie et, bien sûr, en extérieur. Cette toile emplie de fleurs représente peut-être une clématite du jardin.

Les livres de Monet

Le livre de chevet de Monet est sans doute *Le Journal* d'Eugène Delacroix, maître du romantisme et grand coloriste.

À Giverny, il possède une gigantesque bibliothèque de botanique dont vingt-six volumes des *Fleurs des jardins de l'Europe*.

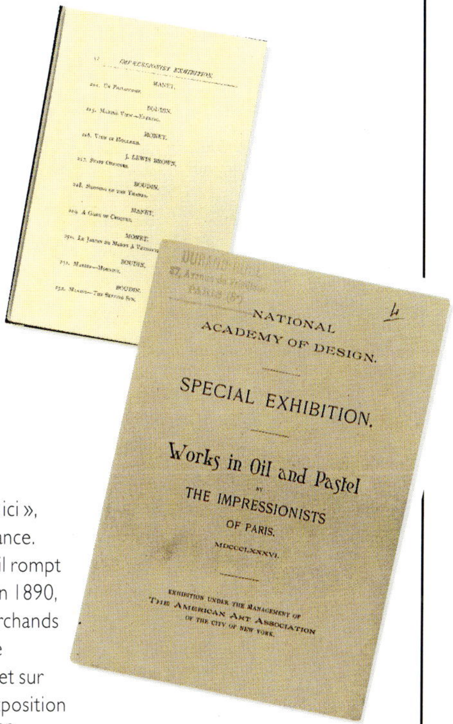

Des marchands d'art rivaux

La première exposition organisée à New York par Durand-Ruel, en 1886, eut un certain succès. Mais Monet préfère, comme il le dit lui-même, « faire connaître et vendre ses tableaux ici », autrement dit en France. Dans cette optique il rompt avec Durand-Ruel en 1890, se liant avec des marchands concurrents tels que Georges Petit qui met sur pied l'importante exposition Monet-Rodin en 1889.

Heureux de son installation à Giverny, Monet peint plusieurs toiles très poétiques sur lesquelles figurent les filles d'Alice, Blanche et Suzanne, se promenant en bateau sur l'Epte, la rivière qui coule non loin de la maison. Ci-contre, sur le croquis préparatoire de la grande toile *La Barque*, un personnage esquissé laisse penser que la barque de la peinture ne serait pas laissée vide. C'est sans doute à propos d'un tableau comme celui-ci que Monet, dans une de ses lettres à son ami le critique Gustave Geffroy, du 2 juin 1890, écrit : « J'ai repris une fois de plus des choses qui sont impossibles à faire – de l'eau avec des herbes qui ondoient sous la surface. » Encore une façon pour Monet de mettre son talent à l'épreuve.

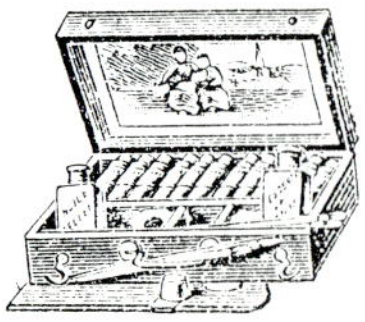

Le croquis horizontal

Le carnet de croquis de Monet contient trois dessins relatifs à *La Barque* dont un vertical, comme sera le tableau. Dans cette version, les herbes aquatiques occupent moins d'espace et la position de la barque fait qu'elle touche le bord supérieur de la feuille et n'est pas coupée sur la droite.

Jeunes filles en robe d'été

C'est l'un des nombreux croquis relatifs aux peintures des jeunes filles Hoschedé en barque. Les dessins de Monet évoquent le poème en prose de Stéphane Mallarmé, *Le Nénuphar blanc* (1885). Ce croquis est probablement dessiné en 1887, mais, pendant l'été 1890, alors que Monet travaille à *La Barque*, les jeunes filles tombent malades et ne peuvent poser.

Robe à taille fine et manches gigot à la mode à l'époque

L'avant du bateau est coupé.

La barque de Monet à Giverny

On a construit à Giverny une réplique de la *norvégienne* – qui apparaît dans *La Barque*. Elle est toujours utilisée pour nettoyer l'étang aux nymphéas des algues qui y poussent.

La norvégienne est une embarcation dont l'avant arrondi est relevé.

LA BARQUE

146 x 133 cm, v. 1887-1890

Ce tableau, dont la composition est remarquablement asymétrique, dépeint une barque de Monet au mouillage sous les arbres de l'Epte. L'influence de l'art japonais apparaît dans le cadrage inhabituellement décalé qui rejètte l'objet principal du tableau, la barque, vers le bord, et se permet d'en couper une partie. La vue plongeante contribue à aplatir l'image, ôtant tout sens de l'espace ainsi que tout point de fuite.

Découpages

Monet a construit les relations spatiales entre les différents éléments de son tableauen faisant se superposer les couches de couleurs. C'est un procédé technique couramment utilisé dans les estampes japonaises comme celles que collectionnait Monet à Giverny. Le regard pourtant ne rencontre nulle profondeur dans cette eau sombre, et les reflets eux-mêmes ne sont que traits de couleur. La branche de feuillage semble avoir été découpée et collée sur la surface, au-dessus de la forme simple de la barque, comme pour aplatir l'espace pictural et rehausser les qualités décoratives du tableau.

Vue de haut

La forme pâle et elliptique de la barque plate de l'artiste est rejetée à l'extrême bord de la toile et semble être suspendue au coin supérieur droit du tableau. La barque elle-même est peinte sommairement, de rose et de bleu pale, comme dans l'attente d'un personnage qui aurait pu être assis sur la proue.

« Des choses impossibles »

L'élément le plus étonnant de l'œuvre réside dans le fait que les plantes aquatiques occupent plus des trois quarts de l'immense toile. Monet les a souvent observées dans le courant de l'Epte mais il ne les dépeint pas dans le mouvement que leur imposait tout naturellement le courant : les rubans sinueux de vert, rouge, jaune et bleu ondoient à la surface du tableau, formant un dessin abstrait.

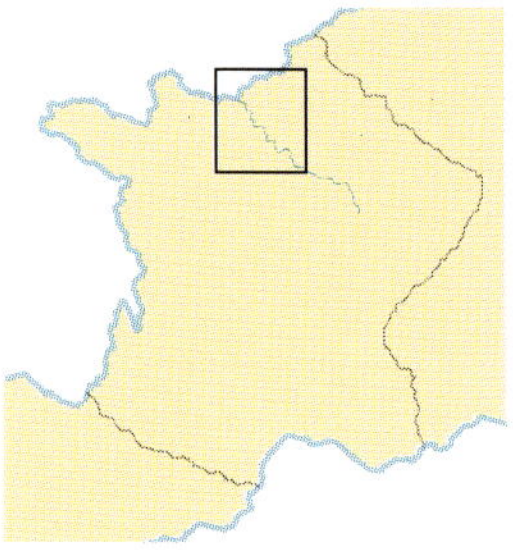

En Normandie
Monet vit et travaille principalement dans le nord-ouest de la France, dont il aime la lumière et le climat toujours changeant.

Durand-Ruel subvenant à ses besoins, et Alice prenant soin des enfants, Monet se lance dans une série de « campagnes » de peinture qui l'entraînent à plusieurs reprises loin de chez lui. À cette époque, il est particulièrement attiré par le caractère pittoresque de certains sites : les falaises vertigineuses d'Étretat qui tombent à pic dans la Manche, la côte sauvage de Belle-Île en Bretagne où les vagues de l'Atlantique s'élancent contre les blocs de granite, la vallée de la Creuse et les paysages écrasés de soleil sur la Côte d'Azur. Pendant ces campagnes, il écrit à ses amis et, surtout, à Alice. Il décrit les combats acharnés qu'il livre au temps qu'il fait, à la lumière, sa joie quand son tableau se présente bien, ses désespoirs en cas contraire.

La vallée de la Seine
Monet aime vivre et travailler près de l'eau. Ses demeures préférées, à Argenteuil, Vétheuil et Giverny, sont situées au bord des méandres de la Seine entre Paris et Le Havre. Durant les années 1880, il peint souvent le long de la côte de la Manche, qui lui est familière depuis sa jeunesse.

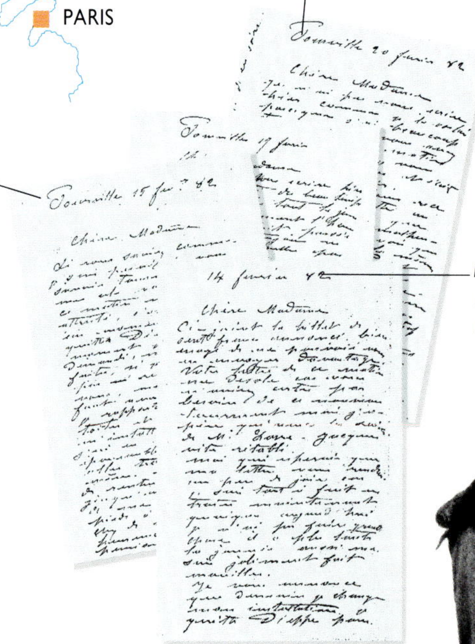

Pourville, 20 février 1882

Pourville, 15 février 1882

Pourville, 14 février 1882

Correspondance quotidienne
Les dates de ces lettres (à droite) indiquent qu'Alice en recevait presque tous les jours. Elle lui répond aussi chaque jour : les manquements occasionnels provoquent d'anxieuses lettres de l'artiste.

L'attente à la maison
Le mari d'Alice (ci-dessous), Ernest, est parti depuis quelques années, et les longues séparations d'avec Monet sont difficiles à supporter. D'Étretat, en 1883, il la rassure : « Ayez un peu de courage, cette absence ne sera pas longue [...]. Je vous aime. »

Coupe-papier de Monet

La plume d'oie de Monet

Lettres d'amour
Monet n'est pas toujours facile à vivre : égoïste, obsédé par son œuvre et lunatique, il connaît aussi les affres de la compétition et l'âpre défense de ses intérêts personnels. Mais les centaines de lettres envoyées à Alice révèlent aussi l'homme tendre qu'il fut. De Bordighera, il écrivit : « Quand j'ai terminé ma journée de travail et que je suis seul dans ma triste chambre d'hôtel, je n'arrête pas de penser à vous [...]. J'ai de la chance de travailler dans ce beau pays, mais mon cœur est à Giverny toujours et toujours. »

La Falaise à Fécamp

64 x 80 cm, 1881

En 1881 et 1882, Monet passe des mois à peindre les falaises autour de Dieppe. Cette composition hardie, asymétrique, est typique des nombreux tableaux peints du haut de la falaise, la mer, le ciel et le rocher occupant toute la surface de la toile. La répartition simple des trois éléments délimite les trois parties du tableau.

Lors d'un séjour en 1888 à Antibes, il peindra ce paysage (ci-dessous) avec des « blanc, rose et bleu tout enveloppés de cet air magique ».

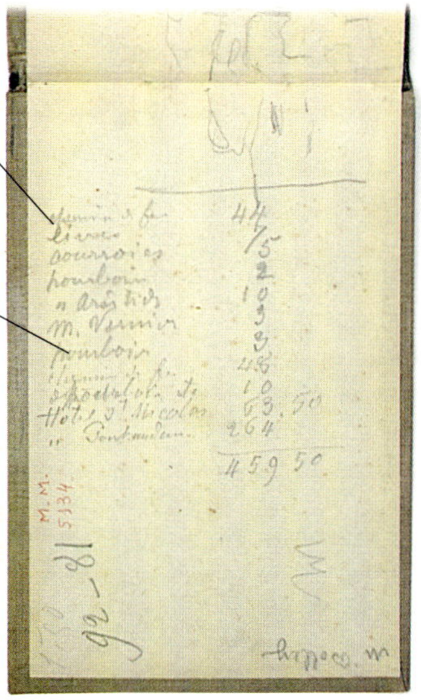

Détails de compte

Monet est à la fois dépensier et quelque peu avare, comme l'atteste cette liste notée au dos d'un carnet de croquis, lors d'un voyage : il n'omet pas de mentionner un pourboire de deux francs.

Antibes

65 x 92 cm, 1888

En décembre 1883, Monet voyage sur la Côte d'Azur avec Auguste Renoir et y retourne le mois suivant pour travailler seul. À Bordighera, il rencontre quelques difficultés à trouver des motifs : « Plus je vais, plus je cherche l'impossible, l'insaisissable et j'ai peur, par moments, de me fourrer dedans. » Mais lorsqu'il découvre les motifs qui l'enchantent, près d'Antibes, la lumière vive de la Méditerranée est une nouvelle source de problèmes. Il a l'impression qu'il lui faudrait « une palette de diamants et de pierreries » pour rendre les couleurs intenses.

Monet réalise trente-neuf toiles à Belle-Île en 1886, dont celle-ci. C'est la première fois qu'il peint l'océan Atlantique.

Pointes de rochers à Belle-Île

65 x 81 cm, 1886

« L'océan est quelque chose d'absolument différent, écrit-il. Vous connaissez ma passion pour la mer [...]. J'en suis fou. » Bien que le mauvais temps le gêne, il peint « dans le vent et la pluie ». Une palette aux tons plus durs, une vigueur plus accentuée du pinceau lui permettent de dépeindre dans toute leur violence les vagues qui s'élancent contre les rochers sombres.

Voyages à l'étranger

À part un voyage en Hollande en 1886 pour peindre les champs de tulipes, Monet travaille rarement à l'étranger, si ce n'est pour conjuguer travail et visite à la famille. En 1895, il parcourt la Scandinavie où vit son beau-fils Jacques. Il peint en plein air dans des conditions de froid telles que des glaçons viennent se former dans sa barbe. Ce dessin fut exécuté en Norvège.

Une vue à couper le souffle
Les hautes falaises blanches d'Étretat, érodées par le mouvement perpétuel de la mer, attirent toujours peintres, écrivains et touristes. À commencer par cette arche de la Manneporte.

Les spectaculaires falaises d'Étretat, sur la côte normande, avec leurs arcs-boutants naturels, attirent peintres et écrivains depuis le XVIIIe siècle. C'est dans les années 1860 que Monet travaille pour la première fois à Étretat. Il y revient souvent, vingt ans plus tard, observant les falaises sous des angles différents et peignant six versions de la Manneporte (ci-contre). En 1885, il rencontre Guy de Maupassant qui écrit un compte rendu éclairant de l'artiste au travail : « Il part, suivi d'enfants qui portent cinq ou six toiles qui illustrent le même sujet à différents moments de la journée, avec des effets différents. Il les soulève et les pose tour à tour, suivant les circonstances. »

Bords habituellement recouverts par le cadre

Premier pastel
Le contraste saisissant qui s'établit entre la falaise au premier plan et la mer révèle une composition proche des falaises peintes dans les années 1880 (p. 38) et 1890. Pourtant, on pense que ce pastel a été exécuté dans les années 1860. Ici, le soleil se couche derrière une autre falaise d'Étretat, la porte d'Aval et l'Aiguille, haute de 70 mètres.

LA MANNEPORTE PRÈS D'ÉTRETAT

81 x 65 cm, 1886

Des baies d'Étretat, celle de l'arche connue sous le nom de la Manneporte est la moins accessible. Prêt à sacrifier à la fois son confort et sa sécurité sur l'autel de l'art, Monet emprunte un chemin périlleux de la falaise pour achever son paysage. L'année précédente, en peignant un paysage analogue, il fut délogé par une vague du promontoire sur lequel il travaillait et faillit se noyer.

La largeur de son angle de vue l'oblige à empiéter sur l'autre page.

Ces points noirs indiquent peut-être des barques, presque imperceptibles dans l'immensité des falaises.

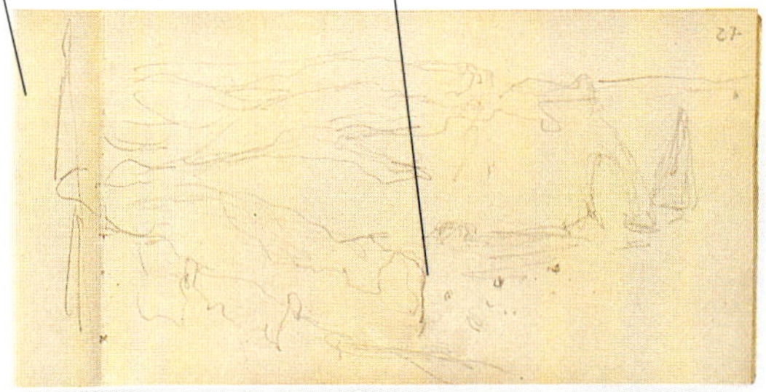

Esquisses du haut de la falaise
Le carnet de croquis de Monet contient plusieurs esquisses de la plage et des falaises d'Étretat, saisies de différents points de vue. Pour cette esquisse, comme pour le pastel (à gauche), il n'hésite pas à grimper au sommet de la falaise pour obtenir une vue plongeante de la baie autour de la porte d'Aval et de l'Aiguille.

Une vue rapprochée
L'asymétrie hardie de la composition et le cadrage particulier du motif produisent un effet étonnant de volume gigantesque.

Une esquisse modifiée
Certains détails particulièrement travaillés de la toile révèlent la façon dont Monet a modifié son esquisse. Il relève le niveau de la mer et épaissit l'arche qu'il augmente d'une bande d'ombre bleue.

Créer l'unité par la touche
Tout en distinguant vigoureusement les trois éléments de sa toile, Monet cherche à obtenir une unité de la surface picturale entre la matière de l'arche et l'ondulation des vagues en traitant l'une et l'autre des mêmes petites touches rapides et rythmées.
Les bandes de couleur horizontales qui parcourent l'arche suggèrent la matière érodée et sont un contrepoint à la forme verticale dominante du rocher.

Falaises d'Étretat après l'orage
Gustave Courbet, 133 x 162 cm, 1869
En 1883, Monet se propose de faire un tableau en se référant à des toiles de Courbet. Mais les vues d'Étretat peintes par Monet sont autant un défi qu'un tribut au vieux peintre. La vision réaliste de Courbet accentue l'effet de solidité que produit la falaise, alors que Monet est soucieux du jeu dynamique entre la lumière, l'eau et la pierre calcaire.

Paysage d'automne
À la fin de l'été, les champs se couvrent de meules. Monet commence à les traiter en série en 1890.

Monet a bien souvent peint plusieurs fois le même motif. Mais, à partir de 1890, il commence à travailler systématiquement sur des séries : *Les Meules, Les Peupliers, La Cathédrale de Rouen* (p. 44-47) ainsi que *Les Matinées*. Cette nouvelle activité reflète alors la préoccupation croissante de Monet de ce qu'il appelle « l'instantanéité » : selon les moments de la journée, la lumière qui enveloppe la scène un instant se modifie pour créer un nouvel effet l'instant d'après. Destinées à être vues ensemble, les toiles d'une série sont commencées en plein air et sont « harmonisées » en atelier.

Premiers croquis
Monet fait plusieurs esquisses pour lesquelles il change d'angle de vue afin de modifier la disposition des meules dans le tableau.

La série des meules

La première exposition d'une série se tient chez Durand-Ruel en mai 1891. Présentant quinze *Meules* et plusieurs autres œuvres, y compris la *Femme à l'ombrelle* (p. 32), l'exposition est attendue avec impatience depuis des mois et la critique lui réserve un triomphe. La répétition des formes simples des meules, éclairées par la lumière colorée qui les enveloppe, fascine l'imagination tout à la fois des critiques et des collectionneurs.

« Pour moi, un paysage [...] existe par la vertu de l'air et de la lumière qui l'entourent », dit Monet.

Les Meules, effet de gelée blanche
65 x 92 cm, 1890-1890
Dans ce tableau (ci-dessus) d'une extrême simplicité, deux meules occupent seules un paysage recouvert de neige. Tout détail étant absent, elles se réduisent à des formes géométriques qui projettent les pâles losanges bleus de leurs ombres sur la neige rosée.

Les Meules, fin de l'été
60 x 100 cm, 1890-1891
Ici, les meules baignent dans la lumière miroitante et dorée d'une fin d'été. Monet considère que les tableaux ne prennent vraiment leur valeur que comparés les uns avec les autres. Ce ne sont pas tellement les meules qui l'intéressent, mais plutôt la façon dont elles changent selon la lumière.

La série des peupliers

Un groupe de hauts peupliers, bordant les rives de l'Epte, à deux kilomètres de Giverny, devient le motif de la deuxième série. Monet commence à y travailler pendant l'été 1891, mais le projet menace de tourner court : les arbres ont poussé sur un terrain mis en adjudication et doivent être abattus. Monet s'entend avec un marchand de bois de la région : il le paie pour qu'il retarde la coupe des arbres jusqu'à ce que son œuvre soit achevée.

Les séries japonaises
Les séries sont une caractéristique de l'art japonais que Monet admirait. Ce paysage aux arbres alignés d'Ando Hiroshige est l'une des *Soixante-Neuf Stations du Kisokaido* (v. 1835-1842).

Spectacle rare, ces séries ont été exposées ensemble à Boston, Chicago et Londres en 1989-1990.

Séries dispersées
Au fil des années, les tableaux des séries de Monet, vendus séparément, furent dispersés dans le monde entier.

Peupliers au bord de l'Epte
92 x 73 cm, 1891
Exécutés depuis son bateau-atelier, ces peupliers sont d'une facture inhabituelle, mais on y retrouve la composition simple des *Meules*. Les troncs forment une sorte de grille qui recouvre presque toute la toile.

Peupliers au bord de l'Epte
81,5 x 82 cm, 1891
En adoptant un point de vue plus en oblique et plus éloigné, Monet crée une symétrie en triangle grâce à la réflexion des peupliers sur le plan d'eau. Les couleurs délicates et les effets de lumière mettent en valeur la scène.

Matinée sur la Seine
73 x 92 cm, 1896-1897
En 1896, Monet commence une série d'un bras de la Seine, près de Giverny. Il se lève à l'aube et traverse les champs couverts de rosée pour se mettre au travail avant que la rive n'ait émergé de la brume. On compare souvent ces vues poétiques aux paysages de Camille Corot (p. 10).

Séries exposées
Monet expose en 1892 quinze *Peupliers* chez Durand-Ruel : la première exposition d'une seule série. C'est un grand succès. En 1898, Georges Petit organise une exposition particulière de Monet. À cette occasion, un supplément du journal *le Gaulois* est entièrement consacré à l'artiste.

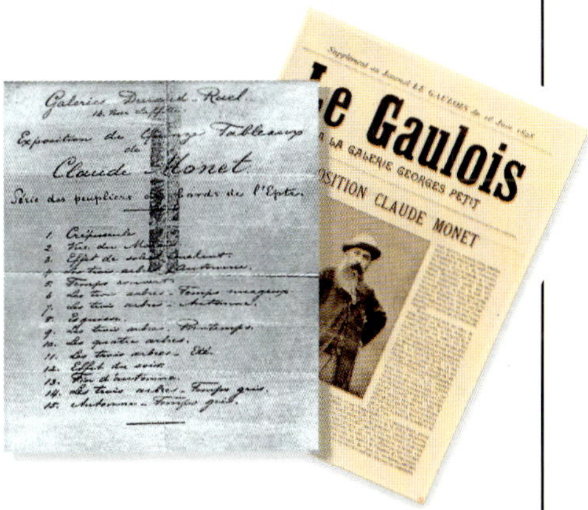

Les harmonies de la cathédrale de Rouen

Une photographie de Rouen
Monet possède plusieurs photographies de la cathédrale, comme celle-ci, prise sous un angle qui lui est familier.

Monet dit que l'idée des séries lui est venue en observant les effets de la lumière du soleil sur une église de campagne : « Les éclats de soleil ne parvenaient que lentement à dissoudre les brumes [...] qui revêtaient la pierre dorée d'une enveloppe idéalement vaporeuse. » En 1892, il installe son atelier en face de la cathédrale de Rouen et peint, de février à avril, jusqu'à quatorze toiles par jour. L'année suivante, il y retourne et peint, cette fois, d'un appartement situé à quelques portes de là. Il avance à grand-peine, déterminé, mais souvent découragé. En mai 1895, il expose chez Durand-Ruel vingt des *Cathédrales* qui se vendent à un prix sans précédent.

La Cathédrale de Rouen, le portail, plein soleil, harmonie en bleu et or
107 x 73 cm, 1894

Harmonie en bleu et or

Comme il le fait très souvent, Monet a choisi ici un emplacement qui lui permet d'avoir un point de vue en oblique. Le soleil est caché derrière la tour d'Albane et jette des ombres d'après-midi sur la façade ouest, accentuant les creux profonds des portails et du vitrail.

Tour gothique
Le sommet et les côtés de la tour d'Albane (à gauche du tableau) sont coupés par les bords de la toile ; les pinacles du toit de la nef blanchis par le soleil ressortent sur le ciel bleu.

Des lignes colorées
Monet veut « faire de l'architecture sans lignes ». Utilisant la couleur plutôt que le contour, il s'efforce de décrire à la fois le détail de la façade gothique et l'ampleur massive de l'édifice.

Croquis de Rouen
Ce croquis (ci-dessus) au trait vigoureux représente la cathédrale de Rouen dominant les maisons.
Le trait tremblé du croquis ci-dessous évoque les effets miroitants que Monet obtiendra avec la peinture.

La Cathédrale de Rouen, le portail vu de face, harmonie brune
107 x 73 cm, 1894

Changement d'angle de vue
C'est la seule version terminée d'une vue de face de la façade occidentale. Des analyses ont montré que la toile a été commencée comme la plupart des autres, vue du sud-ouest. Monet a probablement changé son angle de vision pour donner un peu de variété à la série. Le gothique flamboyant du portail n'en a que plus de relief.

Jours gris
La façade de la cathédrale vue dans la lumière diffuse et douce d'un ciel couvert apparaît dans un groupe de toiles de la série. Georges Clemenceau, qui est aussi l'ami de Monet, consacre la une de son journal, *La Justice*, à un article élogieux sur la série et sur les quatre sous-séries : gris, blanc, arc-en-ciel et bleu.

La Cathédrale de Rouen, le portail, temps gris
100 x 65 cm, 1894

La Cathédrale de Rouen, soleil matinal, harmonie bleue
91 x 63 cm, 1894

La brume blanche
Blanc, bleu et orange se combinent dans cette version. Comparée à l'*Harmonie en bleu et or* (page précédente), la pierre de la façade est ici adoucie par l'enveloppe atmosphérique d'un matin brumeux. Les pinacles du toit de la nef se dressent telles des silhouettes bleues sur le ciel pâle jusqu'à s'y confondre.

Le sens de l'échelle
Un point de vue légèrement décalé suffit pour que les petites maisons blotties au pied de la tour d'Albane apparaissent dans le tableau, soulignant, tout comme la volée d'oiseaux autour de la tour, les proportions imposantes de la cathédrale. Sur d'autres toiles, Monet obtient le même effet en ajoutant des personnages.

La Cathédrale de Rouen, le portail et la tour Saint-Romain, effet du matin, harmonie blanche
106 x 75 cm, 1892-1894

Choisir de peindre une façade de pierre peut paraître insolite de la part d'un artiste voué à la représentation de la nature comme le fut Monet. Mais c'est qu'il est ici question des effets changeants de la lumière sur la pierre ainsi que l'illustre la série des *Cathédrales* (p. 44-45). Sur les toiles terminées, Monet procède à de tels empâtements que quelques critiques compareront la texture des tableaux à la pierre sculptée elle-même. La comparaison de ce tableau inachevé avec les autres donne un aperçu des procédés par lesquels l'artiste atteint son effet final. Ici, la touche rapide et enlevée reste celle de l'esquisse.

Blanc de plomb

Violet cobalt

Bleu cobalt

Outremer

Vermillon

Orange de cadmium

Jaune de cadmium

La palette de l'artiste
La plupart des *Cathédrales* sont caractérisées par un registre de couleurs dominant. Ici, tout comme dans une autre version (p. 44), le bleu et l'or prédominent. La partie supérieure de la façade se détache sur le ciel et brille sous le soleil tandis que des ombres bleutées baignent la base de l'édifice et s'engouffrent sous le portail.

FIN DE JOURNÉE
100 x 65 cm, 1892-1893
Le titre complet de cette version des *Cathédrales* est *La Cathédrale de Rouen, le portail, effet du soleil, fin de journée*. Monet ne l'a pas achevée, ni signée. Pourtant, les puissantes vibrations du soleil sur la pierre n'en sont pas moins très lisiblement rendues. Un cachet avec la signature du peintre a été apposé après sa mort.

La peinture est creusée en sillon comme pour évoquer la pierre sculptée.

Une couche d'un bleu plus pâle apparaît au point de contact du ciel et de la pierre.

Le ciel et la pierre
Monet a choisi un point de vue très rapproché de la cathédrale, presque un détail de la façade ; et pourtant une simple tache de ciel dans le haut de la toile permet de créer un contraste frappant de couleur et de matière. Le bleu, couleur froide, apparaît en retrait et met en valeur les couleurs chaudes, les roses et le jaune d'or de l'édifice qui est comme projeté à l'avant de l'image. Le triangle des pinacles gothiques est, lui, utilisé comme un élément décoratif et constructeur de l'espace.

Texture de la surface
Cette photographie a été prise avec une lumière rasante pour accentuer le relief de la texture. Chaque touche de pinceau est apparente, mais dans le tableau terminé, ces touches distinctes, qui créent la forme, auraient été confondues, atténuées, pour créer une image plus homogène.

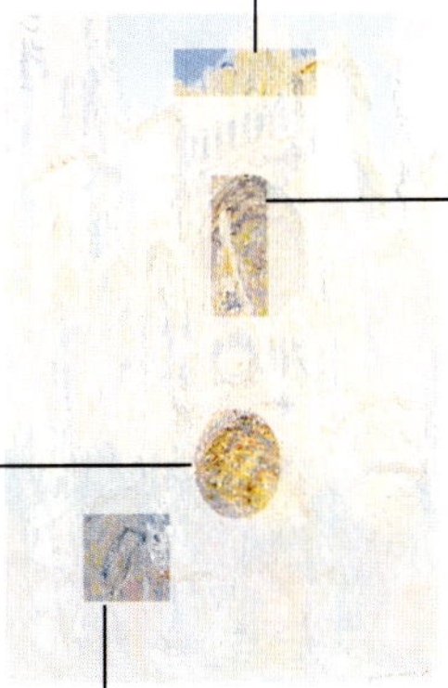

Des lignes de mauve dépeignent le bois sculpté.

Dans la lumière du soleil et dans l'ombre, l'orange se mêle au mauve.

Empâtement de blanc formant rehaut

Dans les ombres
L'unité délicate de la surface n'est pas encore créée (à gauche). À ce stade du travail, la façade est striée d'une ombre bleue tandis que des marques de bleu foncé, d'orange et de violet, suggèrent la courbe du portail. Un empâtement de blanc esquisse le gâble du portail.

Lignes et points
L'architecture géométrique de la façade (à droite) est ici fortement restituée : les rampants du fronton viennent se rejoindre sur la grande rosace dont la facture est suggérée par des petits points de mauve, de rose et d'orange.

En 1892, après son mariage avec Alice, Monet renonce à ces longues campagnes de peinture qui l'avaient tant absorbé la décennie précédente (p. 38-39). Il a le projet de peindre à nouveau ses anciens motifs, mais, après des séjours sur la côte normande et à Vétheuil, il l'abandonne. En février 1899, la mort de Suzanne est une telle douleur pour Alice que Monet ose à peine la quitter. Il l'emmène à Londres à l'automne et séjourne à l'hôtel Savoy. Puis il reviendra seul, deux hivers, dans ce même hôtel, pour y peindre des vues de la Tamise. C'est vers cette époque qu'il acquiert un nouveau « jouet », une automobile. En 1904, ils se rendront avec leur chauffeur jusqu'en Espagne, pour voir les peintures de Velasquez au Prado. Les visites à Venise qu'ils firent ensuite en 1908 et 1909 marquent la fin des voyages de Monet. À partir de cette date, Giverny devient son univers.

L'hôtel Savoy à Londres en 1899
Monet aimait se rendre à Londres et il y fit plusieurs voyages. Cet hiver-là, il séjourne dans le plus luxueux des palaces, qui vient d'être construit et dont les chambres donnent sur la Tamise.

SAVOY HOTEL,
EMBANKMENT GARDENS,
LONDON.

Des nouvelles de Londres
Monet écrit cette lettre à Germaine un « dimanche, jour de mélancolie » en mars 1900.

Pastel du pont de Waterloo
C'est probablement en janvier 1901 que Monet peint ce pastel. Il trouve cette technique propre à recréer l'atmosphère brumeuse, et confie à Alice que le pastel lui a ouvert une voie pour sa peinture.

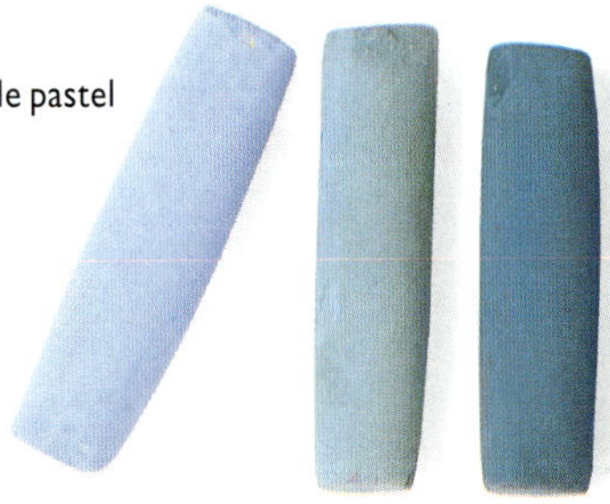

Bâtons de pastel

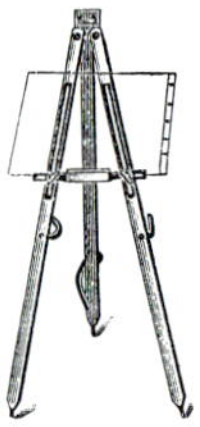

Les impressionnistes à Londres
En 1905, Paul Durand-Ruel organise « la plus grande exposition impressionniste qui ait jamais été » dans les galeries Grafton de Londres. Parmi les toiles exposées, cinquante-cinq sont de Monet (dont huit sont présentées ci-contre avec trois Renoir), trente-huit d'Eugène Boudin, dix-neuf d'Édouard Manet, cinquante-neuf d'Auguste Renoir, quarante de Camille Pissarro, trente-sept d'Alfred Sisley, treize de Berthe Morisot, trente-cinq d'Edgar Degas et dix de Paul Cézanne.

Marque du fournisseur

Lettre de Biarritz à Germaine

Carte du Prado à Blanche

Alice écrit à ses filles
Durant un bref voyage à Madrid en 1904, Alice correspond avec Blanche et Germaine.

Cliché de vacances
Monet et Alice photographiés sur la célèbre place Saint-Marc, à Venise, en 1908. « Nous étions tous deux si heureux pendant notre séjour », écrit-il.

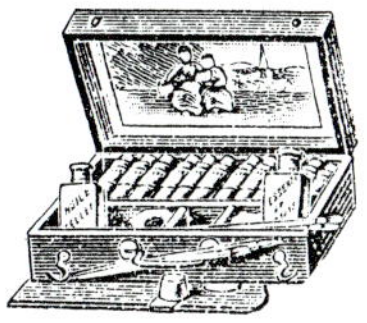

Un dessin solitaire
Monet n'utilise qu'une page de ce carnet de croquis de Venise. Ces vues d'un palais figurent dans plusieurs tableaux.

EXHIBITION OF PAINTINGS
BY
CLAUDE MONET
FROM FEBRUARY 1ST TO FEBRUARY 16TH, 1915
DURAND-RUEL GALLERIES
12 EAST 57TH STREET
NEW YORK

Succès américain
La popularité de Monet aux États-Unis confirme sa dimension internationale.

Gondole à Venise
80,5 x 54,5 cm, 1908
Monet est enchanté par la lumière unique de Venise. Incapable d'y retourner après la mort d'Alice, en 1911, il travaille sur ses toiles vénitiennes à Giverny : « Mais c'est difficile. Je n'arrête pas de penser à elle quand je peins. »

Monet peint la Tamise en 1899 et les mois d'hiver des deux années suivantes. De sa chambre à l'hôtel Savoy, il peut voir à gauche le pont

de Waterloo, et à droite le pont de Charing Cross ainsi que le Parlement. De l'autre côté du fleuve, depuis l'hôpital Saint-Thomas, il trouve une vue moins distante de l'édifice néogothique qu'il transforme en une silhouette fantastique voilée dans un « mystérieux manteau » de brumes colorées. Les brumes changent si vite qu'elles mettent le peintre dans un état de fébrilité intense quand il essaie de trouver parmi les cent toiles de cette série qu'il a en cours celle qui restitue le mieux le nouvel effet.

Ci-dessus, vue contemporaine de la Tamise depuis l'hôtel Savoy à Londres

Pluie, vapeur, vitesse – Le Grand Chemin de fer de l'Ouest

J.M.W. Turner, 91 x 122 cm, 1844
Monet vénère l'artiste anglais Turner – bien qu'il s'en défendît une fois. Turner est un peintre paysagiste du XIXe siècle. Ses recherches sur les effets de l'atmosphère et de la lumière firent qu'on le considéra parfois comme le précurseur de l'impressionnisme. C'est l'un des rares tableaux que Monet confia avoir étudié de près.

LONDRES, LE PARLEMENT

81 x 92 cm, 1904
Après les mois passés à Londres en 1901, Monet décide d'emporter ses toiles à Giverny pour terminer la série. « Je les mène toutes de front ou du moins un certain nombre », dit-il à Paul Durand-Ruel en 1903, en indiquant qu'il les termine en atelier. Les révélations du peintre sur sa façon de travailler démythifient le Monet peignant uniquement d'après nature. À cela, il rétorque : « Que mes *Cathédrales*, mes *Londres* et autres toiles soient faites d'après nature ou non, cela ne regarde personne et ça n'a aucune importance. » En juin 1904, il expose trente-sept *Vues de la Tamise à Londres (de 1900 à 1904)*. Celle-ci est sous-titrée *Trouée du soleil dans le brouillard.*

Charing Cross Bridge, fumée dans le brouillard : impression

73 x 93 cm, 1902
La brume « enveloppe » ici, à droite, les formes sombres et rectilignes d'un pont de chemin de fer et d'un train à vapeur. Le motif du chemin de fer rappelle les compositions antérieures que Monet a faites de la gare Saint-Lazare et d'Argenteuil (p. 26-27). Mais cette fois, son souci de l'« enveloppe » domine le tableau. Il écrit en 1895 : « Pour moi, le motif lui-même est un facteur insignifiant. Ce que je veux reproduire est ce qui existe entre le motif et moi. » Ce qui existe ici, c'est le brouillard épais de Londres que Monet dépeint d'un voile presque palpable.

Date tardive

Bien que Monet commence à travailler sur le Parlement en 1900, il signe et date les toiles de cette série de 1903 ou 1904, quand il les juge assez achevées pour être exposées.

Brillante échappée de soleil
La forme lugubre et sombre du Parlement surgit des ténèbres du fleuve bleu tandis que de subtiles nuances de rouge, de mauve et d'or s'élancent comme en un tourbillon de flammes. Les reflets d'un coucher de soleil aux tons rouges et or dessinent un sentier flamboyant dans les flots ondoyants de la Tamise.

Brume à la dérive
Monet peint le fleuve en petites touches horizontales puis obliques et enfin carrément verticales qui modèleront les formes hautes de l'édifice.

Nuages et mystère
Le soleil couchant tout autant que les effets de brume contribuent à envelopper le Parlement tout entier dans un voile. Plus suggestif que descriptif, ce type d'évocation poétique est particulièrement apprécié des symbolistes, dont l'ami de Monet, le poète Stéphane Mallarmé.

Quel que soit le lieu où il s'installe, Monet crée des jardins et les peint. Mais, c'est à Giverny, où il réside de 1883 jusqu'à la fin de sa vie, qu'il trouve le temps – et également l'argent : il peut engager une équipe de jardiniers – de développer son propre univers floral. Il préfère les grappes compactes de fleurs brillantes ; les guirlandes de fleurs qui tombent des tonnelles se répandent dans les allées de gravier et flamboient dans les plates-bandes surchargées. « Mon jardin est un travail lent poursuivi avec amour, dit-il une fois, [...] je creuse, plante et sarcle moi-même ; le soir, les enfants arrosent. »

Ci-dessus, nymphéa de Giverny

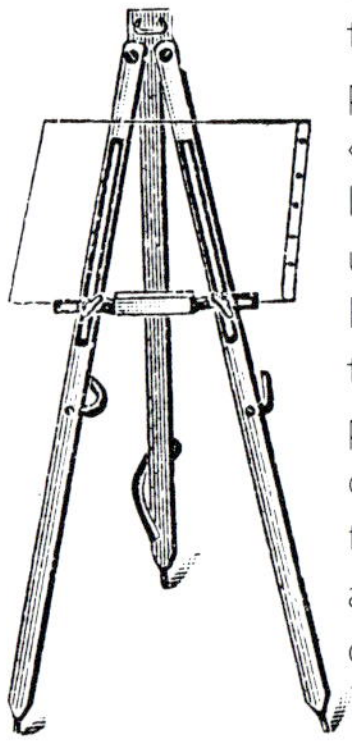

Parmi les glaïeuls
Monet commence à transformer le jardin dès qu'il est installé à Giverny. Il supprime des haies, sème du gazon, plante des arbres ornementaux et crée des séries de parterres de fleurs hautes en couleur. Même quand la tâche devient trop grande pour qu'il puisse l'assumer seul, il supervise son équipe de jardiniers. Fier de son jardin, il prend un plaisir immense à le présenter à ses visiteurs.

Jardin et bassin
En 1892, Monet achète un terrain marécageux près de sa propriété qu'il transforme en un « jardin d'eau » oriental, « pour le plaisir des yeux, et aussi dans un but de motifs à peindre ». En 1901, il achète davantage de terrain, et, malgré l'hostilité de la population locale – les habitants de Giverny pensaient que les transformations de Monet allaient les priver d'eau –, il obtient l'autorisation de détourner un petit cours d'eau, le Ru, pour créer un bassin qu'il borde de saules, d'aulnes, d'iris et de roseaux, et dont il couvre la surface de nénuphars blancs. Pendant plus de vingt-cinq ans, le bassin devient le centre de sa vie et de son art. « Ici ce sont des tas d'arbres en fleurs : pruniers abricotiers du Japon, les narcisses fleurissent [...] nos saules pleureurs complètement verts. », écrit-il à Jean-Pierre Hoschedé en 1916.

Le Jardin de Monet à Giverny
81 x 92 cm, 1900
La luxuriance du jardin est parfaitement restituée dans ce tableau, à droite. Malgré l'abondance de parterres regorgeant de fleurs, Monet exige que celles-ci débordent et qu'elles empiètent sur les allées pour en adoucir les lignes. « Il me faut surtout avoir des fleurs, toujours, toujours », s'enthousiasme Monet. Ici, les plates-bandes d'iris mauves conduisent fièrement à une maison aux volets verts fermés à peine perceptible dans le feuillage. Les arbres projettent des ombres sur les allées de gravier, créant des taches de bleu sur les fleurs mauves.

Des massifs de nymphéas bordent la pièce d'eau.

À la surface de l'étang, tel un miroir, les reflets créent des images parfaitement symétriques.

Reflets dans l'eau

L'eau est un motif qui fascine Monet. Ses reflets constamment changeants offrent « les effets les plus fugitifs » de la nature à saisir. En créant son bassin aux nymphéas, il peut aménager son motif en disposant les plantes à sa guise tout autour et à la surface du plan d'eau.

Nymphéas

130 x 150 cm, 1914-1917

Dans plusieurs de ses paysages d'eau, Monet ne fait figurer ni la rive ni la ligne d'horizon, ce qui donne l'impression d'une image à l'envers. Les feuilles de nymphéas et les nuages se réfléchissent sous la surface de l'étang parsemée de nénuphars.

Monet près du pont japonais

Le jardin d'eau de nos jours

Une vue du pont

Comparé à l'exubérance du jardin fleuri conçu à la française, le jardin d'eau, frais et paisible, s'inspire du Japon.

À l'intérieur d'une aire relativement restreinte, Monet crée l'illusion d'espace grâce à l'agencement de lignes courbes et de trouées pittoresques.

DES ÉPOUSES ET DES FILLES

En 1911, Monet est veuf une seconde fois lorsque meurt sa femme Alice. Il est désespéré, et le sera davantage encore lorsque disparaît son fils, Jean, en 1914, après une longue maladie. C'est sa veuve, Blanche, qui désormais se dévouera entièrement à l'artiste déjà bien âgé.

Monet et Alice bavardant dans le jardin

« L'ange bleu »

C'est ainsi que Georges Clemenceau appelle Blanche. Elle accompagne et assiste le peintre en permanence. Sur cette photographie, elle tend une toile à Monet qui travaille au bord de l'étang. Au premier plan se tient la petite-fille d'Alice.

L'ombrelle pour peindre

Blanche, une artiste de talent, abandonne la peinture pour se consacrer à Monet. Elle restera à Giverny après la mort du peintre. Cette ombrelle de peintre, qui provient de Giverny, pourrait être la sienne.

La passerelle de bois qui forme un arc délicat au-dessus de l'étang est construite en 1893. Mais il faudra attendre plusieurs années pour que pousse la végétation, et ce n'est qu'en 1899 que Monet commencera à peindre le pont qui apparaît dans la première peinture de la série des *Nymphéas*. Ces compositions, simples et asymétriques, sont une parfaite synthèse des recherches naturalistes et décoratives de l'art de Monet.

Ci-dessus, branche de glycine aux longues grappes de fleurs mauves

Le pont de Hiroshige
Le pont et les peintures que Monet en fit illustrent son admiration pour le Japon. Cette estampe (v. 1856-1859) d'Ando Hiroshige représente un pont semblable.

Le Bassin aux nymphéas

89 x 92 cm, 1899

C'est l'une des dix-huit versions du pont japonais que Monet peint durant l'année 1899. Comme les autres de la série, elle est peinte sur une toile à peu près carrée. Le pont, ou plutôt la passerelle à arceaux, enjambe le bassin et décrit une courbe légère qui rehausse le relief du plan. Une profusion de petits coups de pinceau subtils restitue la surface miroitante du bassin tout en créant une impression de profondeur.

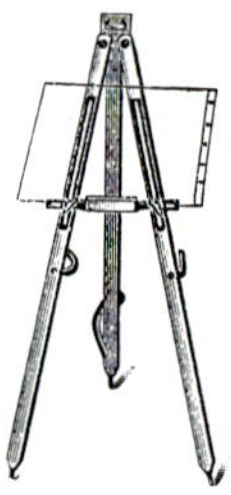

Le Pont japonais
89 x 100 cm, v. 1923
Près de vingt ans après le *Bassin aux nymphéas*, Monet reprend le motif du pont, alors que sa perception des couleurs est maintenant altérée. La beauté tranquille et le lyrisme bucolique des bleus et des verts du *Bassin* ont fait place aux touches nerveuses de rouge et or qui envahissent toute forme. Ce type de tableau est souvent perçu comme préfigurant l'expressionnisme abstrait.

Ciel invisible
Dans ses dernières œuvres, Monet réduit de plus en plus son champ de vision. Ici, le ciel est caché par la végétation derrière le pont, et la rive disparaît du premier plan. Dans ce type d'œuvres, qui ne présente pas les points de référence traditionnels des « paysages », Monet est en fait un précurseur de l'art abstrait.

Treillis de glycine
Quatre ans après l'exécution de ce tableau, Monet fait installer un treillis sur le pont pour le décorer de glycines comme dans la gravure de Hiroshige. Cette photographie de Monet et de Georges Clemenceau permet de comprendre comment la glycine adoucit les lignes du pont et le fond dans l'exubérance de la végétation.

Des bandes de fleurs
La surface de l'étang est modelée par des fleurs de nymphéas pastel. Elles forment une série de bandes horizontales interrompues par les reflets verticaux des saules. L'unité de la composition est due au jeu entre l'horizontalité et la verticalité qui traduit la tension que Monet place entre la surface plane du bassin et l'illusion de profondeur.

Ce « jardin d'eau » est une source inépuisable d'inspiration pour Monet. « L'élément de base du motif est le miroir de l'eau qui change d'apparence à chaque instant », dit-il. Un nuage qui passe, une brise ou un changement de lumière que ne remarquerait peut-être pas un œil moins entraîné, transforment pour lui le bassin. Les peintures de *Nymphéas* sont très variées : souvent pâles et délicates, parfois, tel le tableau ci-dessous, chargées d'une sorte d'énergie frénétique.

Image miroir
Les branches du saule pleureur tombant jusqu'à la surface de l'eau, on ne sait où commence leur reflet.

NYMPHÉAS
200 x 180 cm, 1916-1919

Cette grande toile a été exécutée au bord de l'eau. La touche est fine, et la composition est coupée en deux par la bande sombre et verticale des branches du saule pleureur. Le rideau de feuilles qui traverse la surface de l'eau tend à annuler le sens de la profondeur, suggéré par la façon dont les feuilles de nymphéas deviennent plus petites et plus bleues. Seul le triangle de la rive, à gauche, fournit un point de référence visuel.

Blanc de plomb

Violet cobalt

Outremer

Bleu cobalt

Vert de chrome

Vert émeraude

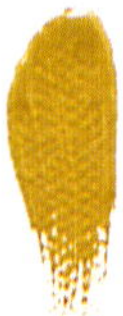
Ocre jaune

Laque rouge

La palette de l'artiste
Alors que Monet utilise souvent le violet, le vert et le rose pour créer des combinaisons pastel, cette palette-ci est destinée à des effets beaucoup plus sombres et plus puissants. L'ocre jaune, une couleur de terre, apparaît dans la zone de la rive. Les contours des feuilles de nymphéas sont suggérés par des traits rapides, brisés, de rouge profond.

Des fleurs roses et blanches
Monet peint les fleurs de nénuphars par de larges coups de pinceaux (à gauche). Le blanc lumineux et le rose violacé intense ressortent bien des bleus et verts plus froids, bien que le fond bleu empiète sur les bords des pétales blancs.

Le bleu de l'eau est appliqué sur le vert des feuilles.

Contour d'une feuille de nymphéa

Un petit coup de peinture plus sombre traverse la fleur.

Un coup de pinceau continu, balayant de bleu, délimite le bord de la rive.

Sur la rive
Souvent, dans les « jardins d'eau », un coin de rive (à gauche) apparaît dans un angle de la toile. Une touche rugueuse d'ocre jaune ombrée de vert dépeint la rive herbeuse, dont la position dans l'espace reste floue.

Des feuilles de nymphéas horizontales contrastent avec les feuilles verticales.

Touches de jaune et de vert non mélangées

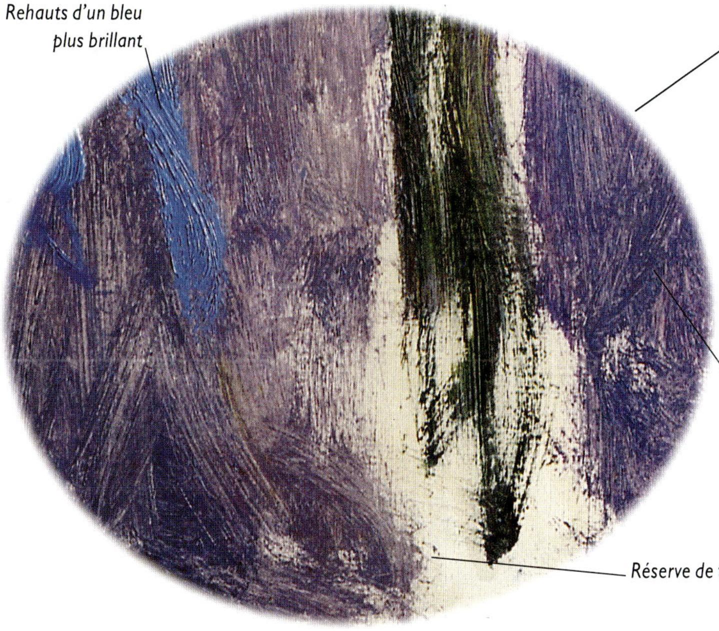

Rehauts d'un bleu plus brillant

Fine application de mauve

Réserve de toile non peinte

Réserve de toile
Monet laisse une « réserve » de toile (à gauche) pour isoler la branche de saule et pour accentuer ainsi le contraste avec la pâleur de l'apprêt. Les feuilles vertes traversent la surface violette de l'eau et pendent jusqu'au bas de la toile.

Feuilles reflétées
Les branches du saule pleureur touchant la surface de l'eau (ci-dessus), leur reflet les prolonge en une ligne continue. Dans cet entrelacs en fait très ordonné, les couleurs violet, mauve et bleu cernent les rayures vertes.

Devant les nymphéas
Le pinceau et la palette à la main, Monet contemple ses *Nymphéas* le jour de ses quatre-vingts ans. La toile, haute de deux mètres, est montée sur des chevalets mobiles. Monet désespère souvent de son travail et détruit de nombreux tableaux.

Durant les dernières années de sa vie, Monet perd successivement sa femme et son fils. Bien que sa vue décline fortement, il peint pendant cette période l'un des plus magnifiques monuments de la peinture – le groupe décoratif des *Nymphéas* (p. 60-61). Après la mort d'Alice en 1911, il quitte rarement Giverny, mais reçoit beaucoup de visiteurs et amis, dont Georges Clemenceau, qui prend fait et cause pour son œuvre. L'armistice est signé le 11 novembre 1918, et le lendemain, Monet écrit à Clemenceau qu'il souhaite offrir à la France deux des immenses panneaux de nymphéas sur lesquels il travaille : « Cher et grand ami, je suis à la veille de terminer deux panneaux décoratifs, que je veux signer du jour de la Victoire [...]. » Avec l'encouragement de Clemenceau, alors Premier ministre, la suggestion initiale devient un projet d'envergure qui va obséder, exaspérer et inspirer l'artiste jusqu'à sa mort, en 1926.

La dernière palette de Monet
Depuis les années 1860, Monet a abandonné les couleurs sombres et réduit sa palette à un certain nombre de couleurs pures, dont le blanc, le vert de chrome, le vermillon, la laque rouge, le bleu cobalt et le vert émeraude. Quand sa vision des couleurs s'altère, il les repère d'après les étiquettes des tubes et l'ordre immuable dans lequel il dispose les couleurs sur sa palette.

Pinceau favori
Dans les premières œuvres de Monet, les larges touches sont faites avec des pinceaux plats à bout carré. Comme la texture de sa peinture devient de plus en plus complexe, il utilise des pinceaux de formes et de tailles diverses avec des manches longs et flexibles qu'il fait fabriquer sur commande. Ce pinceau de grande taille convient bien à ses derniers travaux dans lesquels la touche balaye la toile.

Le grand atelier
Tandis que la guerre ravage le front ouest et que le bruit du canon se fait parfois entendre à Giverny, *Les Grandes Décorations de nymphéas* (p. 60-61) sont pour Monet un havre de paix. Les toiles sont si grandes qu'il doit construire un vaste atelier pour y travailler.

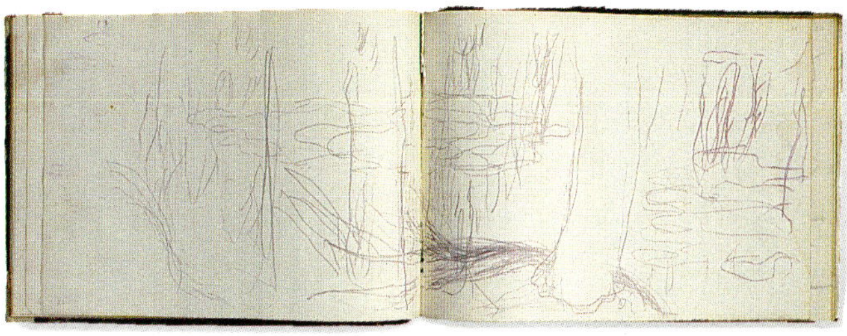

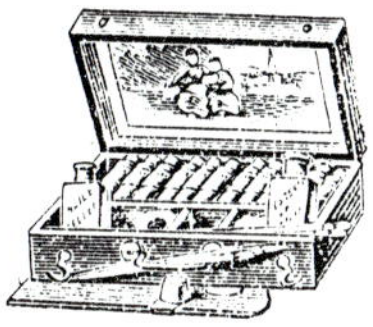

Les derniers croquis
Ces carnets de croquis contiennent des esquisses du bassin aux nymphéas exécutées, à l'évidence, dans ses dernières années. Certaines, comme celle-ci, sont dessinées au crayon mauve, à larges traits qui préfigurent la taille monumentale de ses dernières peintures et attestent sa difficulté croissante à distinguer les détails.

Une main peu assurée
Bien qu'il y voie à peine, Monet s'efforce de maintenir ses échanges épistolaires. Dans cette lettre (à droite) à son ami et biographe Gustave Geffroy – écrite d'une main tremblante le 25 septembre 1922 – il évoque l'opération de la cataracte qu'il doit subir, sa seule chance de garder la vue.

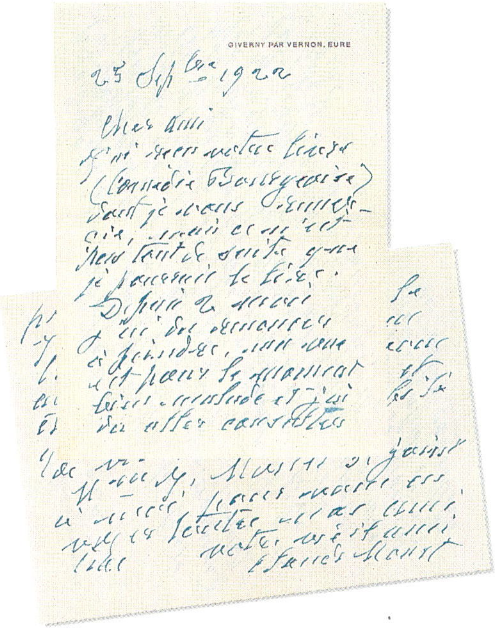
GIVERNY PAR VERNON, EURE

« L'ŒIL » DEVIENT AVEUGLE

Paul Cézanne avait dit un jour de Monet qu'il n'était « qu'un œil… mais bon Dieu, quel œil ! » Monet pensait en effet que nous connaissons vraiment le monde par notre vue plutôt que par notre intelligence. Son art est fondé sur sa puissance d'observation qui devient plus vive et plus sélective avec les années. Mais, en 1908, à l'âge de soixante-huit ans, il commence à perdre la vue ; il devient presque aveugle en 1923. Toutefois, après deux opérations et le port de lunettes spéciales, il recouvre l'usage de l'œil droit.

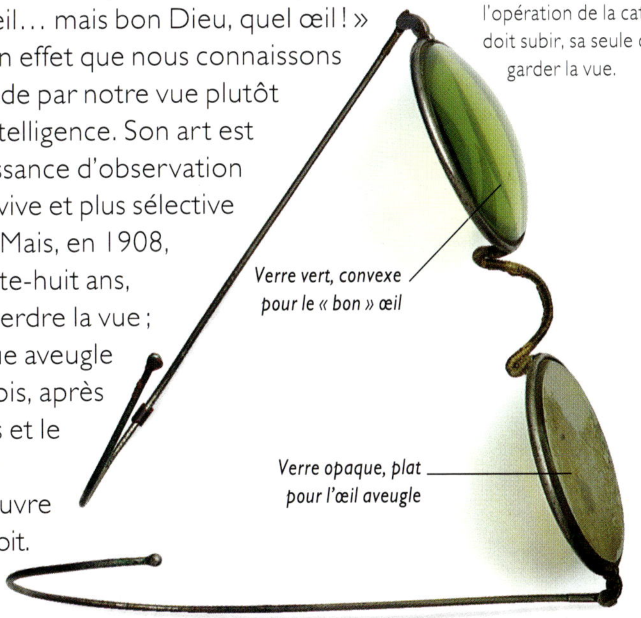

Monet en convalescence après ses opérations de la cataracte en 1923

[Avec ces lunettes], « Je vois beaucoup mieux les colorations et puis travailler avec plus de sûreté » écrit-il.

Des lunettes spéciales
Un seul œil est opérable, l'autre est « absolument perdu » comme il le dit à Geffroy. Même après l'opération, sa perception des couleurs demeure altérée. Mais, en 1925, une paire de lunettes, composées de lentilles Zeiss spéciales, lui est prescrite.

Les dernières années
À l'époque où sa vue commençait à décliner, deux de ses amis, Edgar Degas et Mary Cassatt, sont déjà aveugles. Monet est sûr que le même sort l'attend. L'angoisse de la cécité crée un sentiment d'urgence, et souvent de désespoir, alors qu'il se bat pour terminer le projet des *Nymphéas*. Grâce à une longue période d'amélioration pendant l'été 1925, il peut apporter les modifications finales aux panneaux.

Obsèques à Giverny
Monet meurt le 5 décembre 1926. Il aimait tellement la mer qu'il avait déclaré un jour vouloir être inhumé dans une bouée. Il sera enterré civilement dans le cimetière de Giverny. Monet survécut à la plupart de ses amis, sauf à Clemenceau, que l'on voit ici au premier plan.

Bronze de l'artiste
Ce buste de Monet est placé près des peintures murales.

« Qu'on se figure une pièce circulaire [...] occupée par un horizon d'eau taché de ces végétations [...] d'une transparence tour à tour verdie et mauvée, le calme et le silence de l'eau morte reflétant des floraisons étalées. » C'est ainsi que l'essayiste Maurice Guillemot décrit en 1898 les plans de Monet pour « une décoration » conçue à partir de son bassin aux nymphéas. La vision de Monet ne devient une réalité que trente ans plus tard. Il y a loin des petites toiles exécutées durant la période impressionniste à ces immenses tableaux. Pourtant, ses premières préoccupations sont toujours l'eau, le reflet et l'« enveloppe » – ce voile impalpable de l'air auquel il consacra sa vie de peintre.

Un ami influent
À l'Orangerie, à Paris, face au buste de Monet, celui de son collaborateur et ami, Georges Clemenceau, sculpté par Auguste Rodin.

LES NUAGES
197 x 1271 cm, 1916-1926

Panneaux attenants
Chacune des huit décorations monumentales qui sont installées dans deux salles du sous-sol de l'Orangerie sont faites de plusieurs toiles soigneusement raccordées.

LE MATIN, AVEC SAULES PLEUREURS
197 x 1271 cm, 1916-1926

Une frange de feuilles
Les saules pleureurs, dont on ne voit ni le pied ni le faîte, et les longues branches qui pendent depuis le haut du tableau, toutes ces verticales accentuent l'effet de frise que recherche l'artiste.

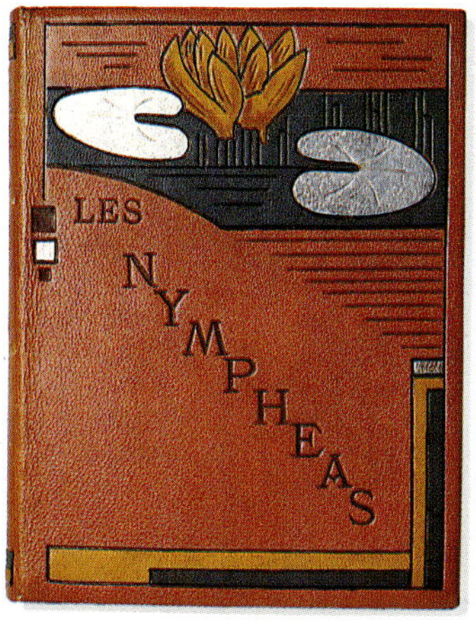

Le livre commémoratif
Ce petit livre de Clemenceau, intitulé *Les Nymphéas*, est exposé à l'Orangerie. Sa couverture stylisée est comme un écho aux qualités décoratives des panneaux muraux.

« La chapelle Sixtine de l'impressionnisme »
L'idée originale de Monet est de donner deux de ses tableaux à l'État. Mais Clemenceau et Gustave Geffroy ont à l'esprit un projet plus grandiose : installer les toiles des *Nymphéas* dans un lieu de son choix, créant ainsi un vaste monument décoratif à la gloire de la France. Des années de négociations et de querelles bureaucratiques s'ensuivent, exacerbées par les inquiétudes de Monet sur sa vue et ses doutes sur la qualité de son œuvre. Il laisse passer la date limite et menace d'abandonner le projet. Mais en 1927, un an après sa mort, les toiles seront installées dans deux pièces ovales de l'Orangerie à Paris.

Reflets
Les reflets des nuages qui passent à la surface de son « étang enchanté » comme sur un miroir réfléchissant ont toujours fasciné Monet qui consacra sa vie à fixer ces images fugitives.

Coins ombreux
Quand il décrit les influences qui se sont exercées dans ces tableaux-ci, Monet se réfère à l'ascétisme japonais « qui évoque la présence au moyen d'ombre », comme il le fait ici.

Pas d'horizon
Le ciel n'est perçu que par le jeu de ses changements au ras de l'eau. Monet peint ces réflexions colorées sans représenter ni la rive ni l'horizon, créant « l'illusion d'un monde sans fin ».

Espace-rêve
Dans les panneaux muraux, l'espace est traité comme une évocation de rêve. Ici, la surface de l'eau apparaît presque drapée derrière le tronc du saule pleureur.

Biographie

1840 Naissance de Oscar-Claude Monet à Paris, le 14 novembre.
1845 La famille Monet déménage au Havre.
1856-1858 Claude Monet vend des caricatures aux Havrais. Rencontre Eugène Boudin.
1857 Mort de sa mère.
1859 Son père l'autorise à se rendre à Paris, à l'Académie Suisse ; rencontre Camille Pissarro.
1861 Service militaire. Part pour l'Algérie.
1862 Convalescence au Havre après avoir contracté la typhoïde. Peint avec Boudin et Jongkind. Rejoint l'atelier de Gleyre à Paris. Ses camarades d'études sont Frédéric Bazille, Auguste Renoir et Alfred Sisley.
1864 Fermeture de l'atelier de Gleyre. Monet et ses amis peignent en plein air dans la forêt de Fontainebleau.
1865 Travaille au *Déjeuner sur l'herbe* à Chailly.
1866 Peint *Femme à la robe verte* qui est un succès au Salon.
1867 Naissance de son premier fils, Jean.
1869 Peint à La Grenouillère, près de Paris, avec Renoir.
1870 Épouse Camille. Sa tante, qui était pour lui un appui, meurt. Guerre franco-prussienne. Bazille est tué au combat. Monet se réfugie à Londres. Rencontre Paul Durand-Ruel.
1871 Mort de son père. Monet déménage à Argenteuil, sur les bords de la Seine, près de Paris.
1874 Première exposition des impressionnistes.
1876 Participe à la deuxième exposition des impressionnnistes. Travaille au château d'Ernest et Alice Hoschedé.
1877 Travaille à *La Gare Saint-Lazare* et participe à la troisième exposition des impressionnnistes.
1878 Naissance de son second fils, Michel. La famille s'installe à Vétheuil, avec Alice Hoschedé et ses enfants.
1879 Participe à la quatrième exposition des impressionnnistes. Mort de Camille.
1880 Pose sa candidature au Salon officiel et est accepté. Exposition particulière dans les locaux du magazine *La Vie moderne*.
1881 Déménage à Poissy avec Alice et leurs enfants.
1882 Participe à la septième exposition des impressionnnistes. Peint à Pourville.
1883 Peint à Étretat. Exposition individuelle chez Durand-Ruel. S'installe à Giverny.
1884 Peint sur la Côte d'Azur.
1885 Participe à l'exposition internationale organisée par Georges Petit. Peint à Giverny et à Étretat.
1886 Ne participe pas à la huitième et dernière exposition des impressionnnistes. Expose avec « Les XX » à Bruxelles et à New York. Peint en Hollande, à Étretat, et à Belle-Île.
1888 Peint sur la Côte d'Azur. Exposition particulière chez Boussod & Valadon.
1889 Peint dans la vallée de la Creuse. Grande exposition rétrospective avec Rodin.
1890 Achète la maison de Giverny. Travaille aux séries *Les Meules* et *Les Peupliers*.
1891 L'exposition des *Meules* chez Durand-Ruel remporte un immense succès. Mort d'Ernest Hoschedé.
1892 Commence la série des *Cathédrales de Rouen*. Épouse Alice.
1895 Visite la Norvège. La série des *Cathédrales* est un triomphe.
1896 Revisite la côte normande et commence *Les Matinées sur la Seine*.
1899 Monet peint *Le Bassin aux nymphéas* et *Le Pont japonais* à Giverny. Il commence une série à Londres. Suzanne, sa belle-fille, meurt.
1900 Peint à Londres et à Vétheuil. Perd temporairement la vue à la suite d'un accident.
1901 Peint à Londres.
1908 Sa vue commence à baisser sérieusement. Il visite Venise avec Alice. Travaille à ses *Nymphéas* dans son atelier.
1909 Exposition de quarante-huit œuvres chez Durand-Ruel.
1911 Mort d'Alice.
1912 Monet complète de mémoire ses tableaux de Venise. On diagnostique une double cataracte.
1914 Commence les grands panneaux de nymphéas. Mort de son fils Jean.
1918 Offre deux grands panneaux de nymphéas à l'État pour célébrer l'Armistice. Conçoit le projet d'immenses panneaux muraux sur le même sujet.
1922 Monet, presque aveugle, est incapable de travailler.
1923 Recouvre partiellement la vue et se remet à peindre.
1926 Monet meurt à Giverny, le 5 décembre, à l'âge de 86 ans.
1927 Inauguration à l'Orangerie des *Grandes Décorations de nymphéas*.

Monet et Alice sur la place Saint-Marc à Venise

Muséographie

Carte des musées et galeries du monde qui possèdent au moins trois œuvres de Monet. En France, une trentaine de toiles figurent dans quelques musées de province ; à Paris, trois musées présentent le peintre : le musée Marmottan, le musée d'Orsay et l'Orangerie des Tuileries.

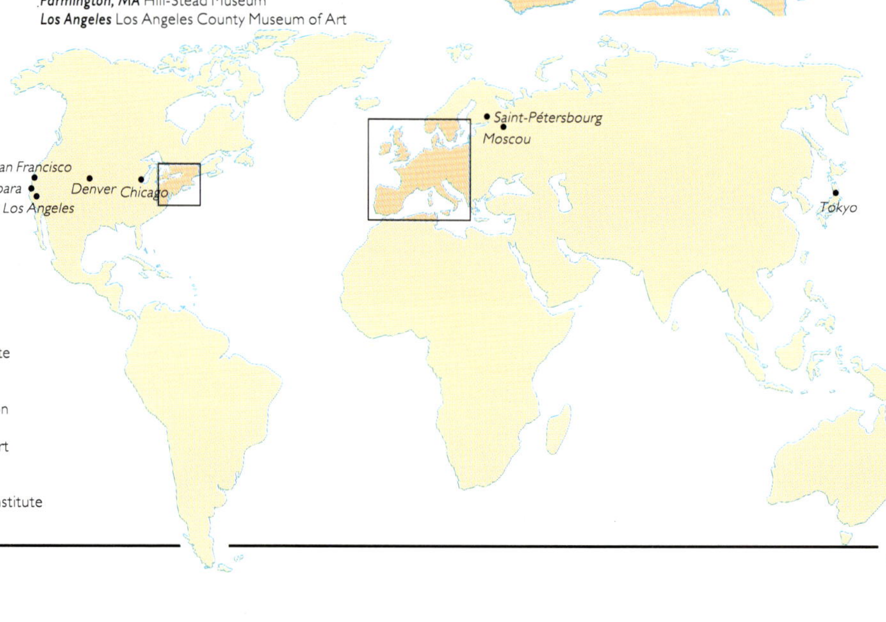

ÉTATS-UNIS

Baltimore The Baltimore Museum of Art
Boston Museum of Fine Arts ; Fogg Art Museum (Cambridge)
Chicago Art Institute of Chicago
Cleveland Cleveland Museum of Art
Denver Denver Art Museum
Farmington, MA Hill-Stead Museum
Los Angeles Los Angeles County Museum of Art
New York Brooklyn Museum ; Metropolitan Museum of Art ; Museum of Modern Art
Northampton MA Smith College Museum of Art
Oberlin OH Allen Memorial Art Museum
Philadelphie Philadelphia Museum of Art ; Barnes Foundation (Merion)
Pittsburgh Museum of Art, Carnegie Institute
Providence Rhode Island School of Design, Museum of Art
San Francisco California Palace of the Legion of Honor
Santa Barbara Santa Barbara Museum of Art
Shelburne, VT Shelburne Museum
Washington DC National Gallery of Art
Williamstown Sterling and Francine Clark Institute

EUROPE

Allemagne
Berlin Neue Nationalgalerie

Danemark
Copenhague Ny Carlsberg Glyptotek ; Ordrupgaardsamlingen

France
Honfleur Musée Eugène Boudin
Le Havre Nouveau Musée des Beaux-Arts-André Malraux
Lyon Musée des Beaux-Arts
Nantes Musée des Beaux-Arts
Paris Musée Marmottan ; Musée d'Orsay ; Musée de l'Orangerie

Hongrie
Budapest Magyar Nemzeti Muzeum

Pays-Bas
La Haye Haats Gemeentemuseum
Rotterdam Boymans-van Beuningen Museum

Portugal
Oeiras Fundação Calouste Gulbenkian

Russie
Moscou Musée Pouchkine
Saint-Pétersbourg Ermitage

Suisse
Zurich Kunsthaus ; Stiftung Sammlung E.G. Buhrle

Grande-Bretagne
Cardiff National Museum of Wales
Édimbourg National Gallery of Scotland
Londres Courtauld Institute Galleries ; National Gallery ; Tate Gallery

ASIE

Japon
Tokyo Bridgestone Museum of Art ; National Museum of Western Art

Glossaire

Aplat Teinte unie appliquée uniformément.

Apprêt Couche de couleur que l'on applique sur la toile vierge pour la rendre propre à recevoir la peinture.

Art académique Art conforme aux critères de l'Académie et de l'École des beaux-arts, fondés pour l'essentiel sur l'idéal classique de beauté.

Atelier Lieu dans lequel travaille l'artiste ; désigne également l'ensemble des élèves travaillant sous la direction d'un même maître.

Clair-obscur *(chiaroscuro)* Utilisation des contrastes de l'ombre et de la lumière pour modeler la forme et créer l'illusion de la profondeur.

Couche sur couche Application d'une couleur sur une autre ou à côté d'une autre avant que la première ne soit sèche.

Couleurs chaudes Voir Couleurs froides

Couleurs complémentaires Deux couleurs sont dites complémentaires si leur combinaison s'oppose dans le spectre. Ainsi la couleur complémentaire de chacune des couleurs primaires (rouge, bleu et jaune) est la combinaison des deux autres. Rouge et vert, bleu et orange, jaune et violet sont les couples de base. En peinture, placer deux couleurs complémentaires l'une à côté de l'autre rehausse leur éclat.

Couleurs froides Plus une couleur est teintée de bleu, plus elle est froide. Les couleurs froides produisent un effet d'éloignement, alors que les couleurs chaudes, qui contiennent du rouge, semblent être projetées en avant.

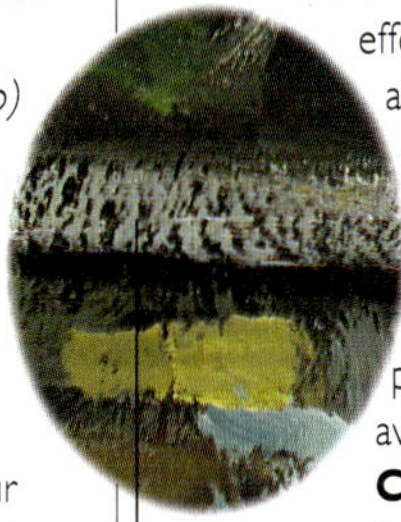
Touche fragmentée

Couleurs de terre Ce sont des brun-rouge et brun-jaune tels qu'ils proviennent de l'oxydation de l'ocre, de la terre de Sienne, de la terre d'ombre, qui sont des pigments naturels.

Empâtement Relief produit par l'utilisation d'une touche plus ou moins épaisse de peinture.

Enveloppe Terme employé par Monet pour désigner la lumière colorée dans laquelle est baignée une scène à tel ou tel moment de la journée.

Espace pictural C'est à la fois l'espace des dimensions du tableau et l'espace imaginaire créé par l'image du tableau.

Liant Corps, tel que la colle de peau, la cire, les huiles ou l'œuf, utilisés pour lier les pigments.

Lumière rasante Lumière projetée de biais sur un tableau pour révéler les détails de la texture de celui-ci.

Medium Dans son sens dérivé, le mot désigne la technique utilisée par l'artiste : peinture à l'huile, aquarelle, dessin…

Motif Sujet d'un tableau. L'expression « sur le motif » indique que l'artiste a réalisé son tableau en se plaçant directement devant son sujet.

Naturaliste Qui se veut conforme à la réalité de la nature.

Nature morte Représentation d'objets inanimés (fleurs ou fruits, par exemple) disposés sur une table, ou, souvent, dans un espace domestique.

Palette Petite plaque, habituellement en bois, sur laquelle le peintre dispose et mélange ses couleurs ; ensemble des couleurs utilisées pour un tableau.

Pastel Pâte faite de pigments de couleurs solidifiés en forme de bâtonnets par addition de gomme.

Peinture d'histoire Représentation d'une scène historique, légendaire ou biblique, dans un but d'édification morale.

Réserve partiellement recouverte de peinture grise

Plan pictural Plan occupé par la surface même de ce qui est peint.

Plein air Peinture exécutée à l'extérieur.

Pochade Désigne une peinture – souvent une ébauche – exécutée rapidement en quelques coups de pinceau.

Réalisme École dont Gustave Courbet fut le chef de file et qui rejetait les thèmes traditionnels en faveur de la représentation non idéalisée de personnages et d'objets ordinaires.

Réserve Surface non peinte de la toile.

Salon Exposition annuelle qui se tenait à Paris ; le premier salon, organisé par l'Académie de peinture, eut lieu au Louvre en 1667.

Seccatifs Huiles auxquelles sont mélangées les pigments et qui, au contact de l'air, sèchent en produisant ce que l'on appelle la « peinture à l'huile » ; on utilise traditionnellement les huiles de lin, de noix, d'œillette.

Touche fragmentée Procédé consistant à appliquer des touches de couleur, sans les mélanger, pour qu'elles restent distinctes les unes des autres, parfois même espacées.

Bleu et jaune appliqués en couche sur couche

Table des œuvres présentées

Les numéros en gras correspondent aux pages où figurent les tableaux et pastels de Monet reproduits dans ce livre et exposés dans les musées et les galeries. Sauf indication contraire, tous les tableaux sont des huiles sur toile.

Abréviation :
h = haut ; b = bas ; c = centre ; g = gauche ; d = droite

REMERCIEMENTS

Dorling Kindersley tient à remercier :
Jean-Marie Toulgouat pour sa collaboration éditoriale et iconographique. Philippe Piguet, Alex Saunderson, Susanna Price pour l'iconographie, Caroline Lucas pour les recherches complémentaires ; Tim Ridley du studio DK. Merci également à Luisa Caruso, Caroline Juler et Lol Henderson pour leur collaboration éditoriale et à James Mills-Hicks pour les cartes.

Remerciements de l'auteur :
Tout d'abord, j'aimerais remercier M. Arnaud d'Hauterives et Mme Caroline Genet du musée Marmottan ; Mme Caroline Godfroy et Mme Frances Daguet aux Archives Durand-Ruel ; M. Maurice Medici et Melle Isabelle Chrétien de la mairie d'Argenteuil ; M. Troupeau du Musée de Vieil Argenteuil ; Mrs Lindsay et l'équipe de Giverny ; M. Daniel Wildensteins ; John House du Courtauld Institute pour ses conseils ; Ian Chilvers pour les prêts de sa bibliothèque ; Nick Mutimear pour ses commentaires sur Étretat ; et David Edgar pour ses avis sur la maladie oculaire de Monet et son soutien. J'aimerais également remercier Susanna Price et Kate Magson qui ont rendu les séances photographiques en France si agréables. Je remercie particulièrement l'équipe de Eyewitness Art chez Dorling Kindersley, notamment Gwen Edmonds, Laura Harper et Tracy Hambleton, avec qui j'ai travaillé. Et pour finir, merci à ma grand-mère qui m'a transmis son amour de l'art. Ce livre est dédié à sa mémoire.

Les Éditions Gallimard remercient
Patrice Bachelard,
François Cazenave
et Michel Langrognet
pour leur précieuse collaboration.

ICONOGRAPHIE

Tous les efforts ont été entrepris pour retrouver les propriétaires des copyrights. Nous nous excusons pour tout oubli involontaire. Nous effectuerons toute modification éventuelle dans nos prochaines éditions.

h = haut ; b = bas ; c = centre ; g = gauche ; d = droit

Abréviations
BN : Bibliothèque Nationale, Paris BL : British Library JMT : Jean-Marie Toulgouat JLC : Jean-Loup Charmet MHG : Maison de Monet à Giverny MM : Musée Marmottan, Paris MO : Musée d'Orsay NGL : Reproduced by courtesy of the Trustees, National Gallery, Londres O : Orangerie, Paris PP : © Collection Philippe Piguet RMN : Réunion des Musées Nationaux RV : © Roger Viollet TG : Tate Gallery, Londres

p. 1 : MM p. 2 : hg, hd : MO ; cg : RV ; bg : MM ; bd : réplique de l'atelier flottant de Monet exécuté pour la société d'économie mixte d'Argenteuil-Bezons par les Charpentiers de Marine du Guip, en l'Ile-aux-Moines (Morbihan) à l'occasion du cent-cinquantième anniversaire de Monet p. 3 : hg : MHG ; c, bg, bd : MM p. 4 : hd : MM ; cg : JMT ; hg, cd, bg : MHG ; bd : Galerie Malingue, Paris p. 5 : Orangerie, Paris p. 6 : c : MM ; bg : Musée Eugène Boudin, Honfleur ; bd : BN p. 7 : hg : Metropolitan Museum of Art, New York, purchased with special contributions and purchase funds given or bequeathed by friends of the Museum, 1967 ; bg : NGL ; bd : MM p. 8 : hg : MHG ; hd : MM, b : MM p. 9 : MO p. 10 : hg : Lefranc & Bourgeois, Le Mans ; cg : NGL ; c : JLC ; cd : NGL : b : MO p. 11 : hd : TG ; cg, c, bg : Lefranc & Bourgeois, Le Mans ; cd : MM ; bd : MO p. 12 : g : MO ; d : MO p. 13 hd : Musée Pouchkine, Moscou/Giraudon ; bg : MO ; cd : JLC ; bd : Musée Carnavalet, Paris/JLC p. 14 : hg, cd : Mary Evans Picture Library, Londres ; bd : MO p. 15 : hg : NGL ; cg : Winterthur, Suisse/Bridgeman Art Library ; bg : MO/Bridgeman Art Library ; c : lettre à Bazille 1869, © The Pierpont Morgan Library, 1992, New York ; bd : restricted gift of Mr. ans Mrs. Frank H. Woods in memory of Mrs. Edward Harris-Brewer, 1962, 336 photographs © 1992, The Art Institute of Chicago, tous droits réservés p. 16 : cg : MM pp. 16-17 : MM p. 17 : h : NGL pp. 18-19 : NGL p. 20 : hg : Collection Egarteles, Giverny, France ; hd : Musée du Vieil Argenteuil, France ; c : MO ; bg : MM ; bd : MM pp. 20-21 : voir p. 2 bd p. 21 : hg : Musée du Vieil Argenteuil ; hd : MO ; b : Collection Medici ; bd : MM p. 22 : hg : MHG ; c : Bayerische Staatsgemäldesammlungen, Munich/Bridgeman Art Library, Londres ; b : MM pp. 22-23 : O p. 23 : cd : photographie Roger Brulée ; b : MM p. 24 : hg : BN ; hd : JLC ; c : BN ; b : MM p. 25 : hg : Kunsthalle, Brême, Allemagne/Giraudon ; hd : BN ; c : Musée Carnavalet, Paris/Jean-Loup Charmet ; bg : MO ; b : BN ; bd : Archives Durand-Ruel, Paris p. 26 hg : Collection Medici ; cg : MM ; b : MM pp. 26-27 : NGL p. 27 : hd, bg, bd : NGL p. 28 hd : photographie par A. Greiner, Amsterdam 1871, collection particulière ; cg, c, cd, bg : JMT ; cd : MO/Scala pp. 28-29 : MM p. 29 : h : MO/RMN ; cg, cd, bd : MM p. 30 : hg : MM ; c : Archives municipales d'Argenteuil ; bg : National Gallery of Art, Washington, collection de Mr. et Mrs. Paul Mellon ; bd : MM p. 31 : MO pp. 32-33 : MO p. 34 : hg, bg : JMT ; cg, cd, bd : MHG p. 35 : hg, cg, bd : Archives Durand-Ruel, Paris ; hd : MM ; cd : MHG ; bg : MM ; cb : couverture du catalogue pour l'exposition Rodin/Monet, Galerie Georges Petit 1889, photographe Bruno Jarret, © ADAGP, Paris et DACS, Londres 1992 p. 36 : h, c : MM ; b : MHG pp. 36-37 : MM p. 38 : c : Archives Durand-Ruel, Paris ; bg : MM ; bd : JMT p. 39 : hg : City of Aberdeen Art Gallery and Museums Collection, Ecosse ; hd : MM ; c : Courtauld Institute Galleries, Londres ; bg : MO ; bd : MM p. 40 : hg : Susan Griggs Agency Ltd, Londres ; cg : collection particulière (reproduit dans *Monet* par Robert Gordon et Andrew Forge, Harry N. Abrams, Inc., 1983) ; c : MM ; b : RMN, Paris p. 41 : The Metropolitan Museum of Art, New York, Bequest of Lizzie P. Bliss, 1931 p. 42 hg : JMT ; cg : MM ; cd : National Galleries of Scotland, Edimbourg ; b : MO p. 43 : hg : The Trustees of the British Museum ; hd : The Royal Academy of Arts, Londres ; cg : TG ; cd : National Galleries of Scotland, Edimbourg ; bg : MO ; bc : Archives Durand-Ruel ; bd : British Library, Londres p. 44 : hg : Photo N/D, R-V ; hd, bd : MM ; bg : MO p. 45 : hg, hd, bg, bd : MO pp. 46-47 : MM p. 48 : hg : PP ; hd : The Savoy, Londres ; cd : MM ; b : Archives Durand-Ruel, Paris p. 49 : hg : MM ; hc (lettre du haut), hd, bg : PP ; hc (lettre du bas) : JMT ; bd : Musée des Beaux Arts, Nantes, France/Giraudon p. 50 : hg : The Savoy, Londres ; c : NGL ; b : MM pp. 50-51 : MO p. 52 : c : JMT ; b : MO p. 53 : hg, bg, bd : MHG ; hd : MM ; cg : RV ; cd : JMT ; cb : PG p. 54 : hg : Jacqui Hurst ; cg : The Trustees of the British Museum ; b : MM pp. 54-55 : NGL p. 56 : hg : MHG pp. 56-57 : b : MM p. 58 : hg : RV ; bg : Galerie Malingue, Paris ; bd : MM p. 59 hg : O ; hd, cg : MM ; cd : © The Pierpont Morgan Library 1992 ; bg : PP ; bd : RV pp. 60-61 : O p. 62 : hd : PP p. 63 : h : NGL (détail) ; g : NGL détail ; d : NGL (détail).